심리상담사와
함께하는
그림책테라피

그림책으로 쓰담쓰담

남기숙 지음

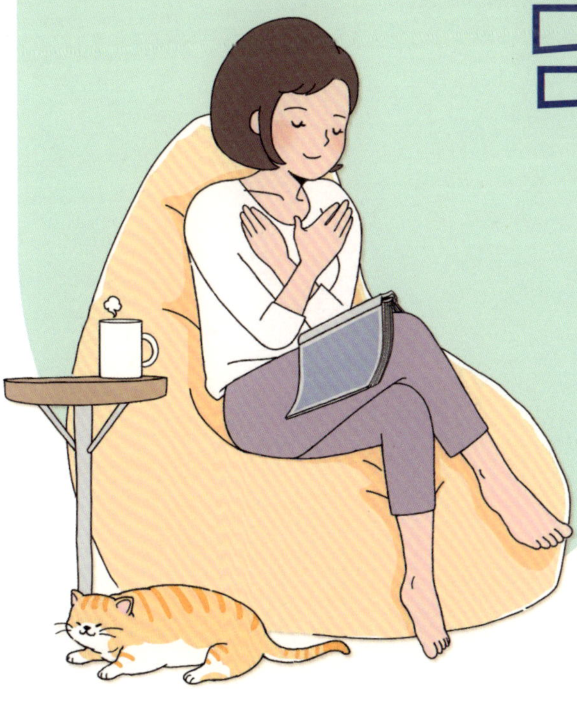

이은북

그림책으로 쓰담쓰담

- 본문에 나오는 상담자의 이름은 모두 가명임을 밝힙니다.
- 본문에 사용된 그림책 표지들은 해당 출판사의 사용허가를 받은 표지입니다.
  무단 도용, 재사용을 금합니다.

그림책, 나를 존재하게 하는 힘

"그림책으로 쓰담쓰담하고 제 내면의 힘이 생겼어요!"
"선생님은 능력자예요!"
"제 마음을 어루만져주셔서 감사해요!"
"지금까지의 그림책 수업과는 완전 달라요!"
"선생님의 그림책 보는 시선을 닮고 싶어요!"
"세상을 보는 눈이 달라졌어요."

'그림책으로 쓰담쓰담' 프로그램에 참여하신 분들의 한마디 한마디가 제 마음속에 가득 담깁니다. 그분들의 마음으로 저는 또 나아갈 힘을 충전했습니다.

저는 심리상담사입니다. 그림책과의 인연은 전 직장에서 '미디어 치료 전문 과정'을 진행하며 시작되었습니다. 그림책 치료와 영화 치료를 하며 집단 상담에 활용할 워크지를 만들고, 그것들을 스스로 적용해보며 나의 이야기를 꺼내는 신기한 경험을 했습니다.

어느 날 저의 우주, 딸아이에게 그림책《아무도 몰랐던 곰 이야기》를 읽어주는데, 갑자기 제 목소리가 작아지고 떨리는 경험을 했습니다. 생각지 못한 울림이었습니다. 그 울림을 좀 더 느끼고 싶고, 저를 위로해주고 싶고, 그 감동을 다른 사람들과 나누고 싶다는 생각에 그때부터 그림책 공부를 본격적으로 시작했습니다.

그림책은 저를 존재하게 하는 힘입니다. 몸과 마음이 지치고 무너졌을 때 저를 쓰담쓰담해주며, 좀 더 버틸 수 있도록 해준 원동력입니다.

1년 넘게 타고 다녔던 대전-서울 간 KTX 통근 기차 안에서 그림책을 만나며 참 많이 울었습니다. 기차 안은 오롯이 저 혼자 시간을 보낼 수 있는 공간이었습니다. 이 시간을 잠을 자며 보내는 것보다 특별한 것과 함께하자는 생각에 매일매일 그림책을 한 권씩 들고 기차에 올랐습니다. 기차 안에서의 그 일상에 의미를 더하고자 인스타그램에 #달리는그림책 태그를 달고 저도 함께 달렸습니다. 한동안 인스타그램 친구들 사이에서 #달리는그림책 태그를 기다리는 분이 많았습니다. 그 후 이직을 하고 통근 기차를 이용하지 않게 되자 아쉬워하는 분들도 계셨습니다.

그림책《가드를 올리고》의 '여기가 어디지?' 장면에서는 소리 없이 눈물을 한참 흘렸습니다. 괜찮다고, 나는 잘하고 있다고 착각하며 늘 뛰어다니는 제게 "여기가 어디지? 나는 누구지?"라고 그림책이 말을 건넸습니다.

또한 그림책 《매미》에서 수많은 책상 사이에 매미가 혼자 앉아 있는 장면은 저를 보는 것 같아 한참을 머물렀습니다. 팀장 역할을 하며 여기저기에 쓰고 싶지 않은 에너지를 낭비할 때 혼자 있는 매미의 모습이 편안하게 다가왔습니다. 점심때 팀원들 내보내고 휴대폰으로 좋아하는 영상을 보며 혼자 도시락을 먹는 동안 저를 위로하고 현실에서 잠시 벗어날 수 있었습니다. 그 누구도 제게 말을 걸지 않고, 일 이야기를 하지 않는 유일한 시간이었습니다.

이렇게 마음을 쓰담쓰담해주고, 좀 더 빠른 속도로 내면의 이야기를 꺼낼 수 있게 해주는 그림책이 있어 더 많은 사람과 함께하고 싶은 욕심이 생겼습니다.

저는 10년 이상의 수많은 상담 사례를 바탕으로 내담자가 자신을 탐색하고 인식할 수 있도록 돕는 안내자입니다. 상담사로서 제 소명이자 사명감은 내담자들의 삶이 좀 더 유연해질 수 있도록 깜깜한 어둠 속에서 빛을 찾아주는 것이라고 생각합니다.

여러분은 누구나 경험할 수 있고 공감할 수 있는 사례와 심리상담사가 소개하는 다양한 그림책을 함께 만날 수 있습니다. 그림책에 기대어 내면의 이야기를 좀 더 쉽게 꺼내고, 여러분 자신을 들여다보는 시간을 가져보십시오. 어느새 무거운 짐은 조금 가벼워지고, 스스로가 괜찮은 사람으로 여겨질 것입니다.

1장 '인식의 방'에서는 다양한 색깔의 나를 발견하는 사례와 그림책을 만날 것입니다. 여러분도 자기 안에 어떤 모습의 내가 있는지, 생각하지 못한 나의 모습은 어떠한지, 내 안의 어린아이(내면 아이, inner child)는 잘 있는지 안부를 물어봐주세요. 내가 누구인지 인식하면서 자기 생각과 감정·행동의 주체가 되어 나다움을 형성할 수 있을 것입니다.

2장 '탐색의 방'에서는 나를 객관화해 바라보고 나의 속도대로 잘 나아가고 있는지, 현재 상태를 점검할 수 있는 사례와 그림책을 만날 것입니다. 이를 통해 나의 또 다른 능력을 발견해보세요.

3장 '성장의 방'에서는 어려운 상황이 닥쳤을 때 유연하게 대처하는 사례와 그림책을 만날 수 있습니다. 갑자기 소나기가 내려도 당황하지 마세요. 타인에 대한 시선이 부담스러워 몸을 숨겼다면 이제는 작은 보폭으로라도 걷고 있는 나를 마주하게 될 것입니다.

4장 '수용의 방'에서는 현재를 살아가는 나를 만날 것입니다. 잊고 있던 일상의 소중함을 다시 마주하고, 자연스럽게 나의 감정과 생각을 수용할 수 있는 사례와 그림책을 통해서 말입니다. 타인이 아닌 나에게 집중하며 마음에 안부를 묻고, 자신의 소중함을 느껴보세요.

오늘도 '그림책으로 쓰담쓰담'을 함께 하는 여러분과 더불어 성장하는 시간을 꿈꿔봅니다. 그림책 속으로 여행하는 동안 여러분의 몸과 마음이 속삭이는 소리를 들어보세요. 지금까지 살아내느라 애쓰고 있는 나에게 말을 걸어보세요. 그리고 지금의 나를 들여다보며 쓰담쓰담해주세요. 마음의 근육이 차곡차곡 쌓일 것입니다.

이제 그림책 속으로 함께 치유 여행을 떠나보실까요?

차 례

프롤로그

그림책, 나를 존재하게 하는 힘

5

1
인식의 방

1	내가 누구인지 모르겠어요! 《단정한 마을의 단정한 시쿠리니 씨》	18
2	내가 원하는 눈덩이는? 《작은 눈덩이의 꿈》	24
3	나의 '그때'는 언제일까요? 《때》	30
4	내가 만든 눈덩이 《투더시의 고민》	36
5	나만의 색깔이 꼭 필요할까요? 《색깔의 비밀》	42
6	당신의 내면 아이는 잘 지내고 있나요? 《미영이》	48
7	결핍(정서적 허기) 채우기 《두근두근》	54
8	'나다움'을 찾아서 《멸치의 꿈》	60
9	마음이 어려워 《어려워》	66
10	내가 있어야 할 곳은 어디인가요? 《바다로 간 고래》	72

② 탐색의 방

1	나만의 공간에서 도토리 시간을 《도토리 시간》	78
2	나를 객관화한다는 것은 《우리는 당신에 대해 조금 알고 있습니다》	84
3	나의 상실 마주하기 《L 부인과의 인터뷰》	88
4	'나'만이 할 수 있는 일 《오, 미자!》	94
5	물건을 그만 사고 싶어요! 《봉가맨》	98
6	숨은 나의 능력을 찾아 떠나는 여행 《노를 든 신부》	104
7	당신은 어떤 모양의 대추인가요? 《대추 한 알》	110
8	채우고 싶은 마음 주머니 《아나롤의 작은 냄비》	116
9	당신의 속도는 어떠한가요? 《달리기》	122
10	당신은 링 위에서 무얼 하고 있나요? 《가드를 올리고》	128

3 성장의 방

1	'지금-여기'에 펼쳐진 우주 《키오스크》	136
2	비를 맞으면 좀 어때! 《빗방울이 후두둑》	140
3	오늘도 치열하게 살아가는 우리에게 《매미》	146
4	천천히 가도 괜찮아! 《힐드리드 할머니와 밤》	150
5	온전한 '나-self'로서 즐거움 《두 갈래 길》	156
6	생각보다 괜찮네! 《파란모자》	162
7	정서적 한계 마주하기 《씩씩해요》	166
8	감정과 생각 알아차리기 《모두 다 싫어》	172
9	비록 한 장의 희망이라도 《빨간 나무》	180
10	인생의 속도와 방향 《홈런을 한 번도 쳐 보지 못한 너에게》	186

④ 수용의 방

1	당신의 아침은 안녕한가요? 《아침에 창문을 열면》	192
2	사라지는 건 자연스러운 일이야! 《사라지는 것들》	198
3	인생 뭐 있나요? 《인생은 지금》	202
4	포기하지 않아요! 《바다가 보고 싶었던 개구리》	206
5	지금-여기, 삶의 균형이 필요한가요? 《균형》	212
6	우리가 지금-여기에 살아 있기에 《살아 있다는 건》	218
7	나의 감정과 친구 하기 《불안》	224
8	당신이 살던 집은 어떠했나요? 《토라지는 가족》	230
9	잃어버린 나를 찾아 떠나는 여행 《오리건의 여행》	236
10	존재 이유 《나는 강물처럼 말해요》	242

심리상담사가 건네는 그림책

248

1 자신을 사랑하는 마음이 필요한 친구에게 힘을 주는 그림책
2 곁에 있는 소중한 사람을 갑자기 잃은 친구에게 위로를 건네는 그림책
3 일에 많이 지친 친구에게 선물할 그림책
4 이혼·재혼 가정의 양육자에게 아이와 소통할 수 있는 팁을 주는 그림책
5 코로나19같이 바뀔 수 없는 환경에 처한 사람에게 도움을 주는 그림책
6 결혼을 앞둔 예비부부에게 선물할 그림책
7 감정 표현이 어려운 아이를 둔 양육자에게 좋은 그림책
8 건강한 가족 관계에 대해 알고 싶은 친구에게 선물할 그림책
9 다양한 모습의 자신에 대해 수용이 필요한 친구에게 좋은 그림책
10 새로움이 두려운 아이에게 도움을 주는 그림책

1

인식의 방

다양한 내 모습이 있다는 것 인식하기

여러분은 자신을 어떻게 인식하고 있나요?
'인식의 방'에서는 다양한 모습의 나를 발견하고,
알아가는 여행을 할 것입니다. 나에 대해 좀 더 가까이 이해하고
들여다보는 시간을 가져보세요.

내가 누구인지 모르겠어요!

《단정한 마을의 단정한 시쿠리니 씨》
크리스티나 벨레모 글 | 안드레아 안티노리 그림 | 김지우 역 | 단추

> 정체성 찾기·자기 복합성

　우리는 평소 다양한 가면을 쓰고 살아갑니다. 여러분은 어떤 가면을 쓰고 있나요? 우리는 사회생활, 학교생활을 하며 다양한 경험을 하게 됩니다. 그때 내면에 여러 가지 '자기 개념(self-concept)'이 자리 잡는데요, 그 안에서 다양한 나를 마주하지요. 직장인이라면 일 잘하는 똑똑이나 실적 잘 내는 직원, 학교에 다닌다면 공부 잘하는 학생이나 스펙 화려한 학생 또는 말 잘 듣는 자녀 등의 가면이 떠오릅니다.

　여러 모양의 가면을 쓴 자기 모습에 당황해하고 그걸 이상하게 여기는 친구들이 있어요. 밖에서 사람들과 있을 때는 친절하고 착한 얼굴로 있다가 집에 돌아와서는 화가 났을 때 화산처럼 폭발하는 얼굴의 내가 있습니다. 그리고 오프라인에서는 내향적인 성향으로 무기력하고 대인 관계를 힘들어하지만, 온라인에서는 외향적인 성향으로 게임을 리드하며 채팅창에서 활발하게 대화를 유도하는 경우도 있죠.

　이렇게 자신이 누군지 알고 싶어 하는 친구들에게 무슨 말을 해주면 좋을까요? '어느 하나가 당신이 아니라, 그 모습 모두가 당신'이라는 걸 알아차릴 수 있게 해야 합니다. 우리는 주어진 역할과 마주하는 상황에 따라 다양하게 대처하는 '나'의 모습을 수용하고, 아끼며 따뜻하게 안아주어야 합니다.

나를 나타내는 내 모습이 많을수록 스트레스나 정서적 불편감에 유연하게 대처할 수 있습니다. 우리는 다양한 나의 모습을 '자기 복합성(self-complextiy)' 또는 '자기 복잡성'이라고 부릅니다. 만약 나를 지탱해주는 모습이 여러 개라면 그중 하나가 잘못되어도 다른 것으로 버틸 수 있습니다. 개인의 정체성을 형성하는 자기 개념의 종류가 많을수록 '자기 복합성이 높다'고 할 수 있습니다.

크리스티나 벨레모가 글을 쓰고, 안드레아 안티노리가 그림을 그린 《단정한 마을의 단정한 시쿠리니 씨》에 나오는 시쿠리니 씨는 자신만의 판단으로 정의하기 좋아하는 사람입니다. 시쿠리니 씨는 등기소에서 마을 사람들에게 등록증 발급하는 일을 하고 있어요. 시쿠리니 씨가 등록증에 '꽝꽝꽝' 적어놓은 내용이 그 사람을 대표하는 것처럼 보입니다. 아무리 다양한 모습이 있어도 꼬리표가 달린 것처럼 한 줄로 정의되는 것이지요. 그런데 지금까지 아무도 불만을 품은 사람이 없었다고 합니다.

어느 날, 시쿠리니 씨 앞에 귀엽고 자신들의 강점과 약점을 잘 알고 있는 초등학교 아이들이 나타납니다. 우리의 귀여운 2학년 아이들은 자신을 한 가지로 규정지을 수 없다는 것, 즉 자신이 잘하는 것과 못하는 것도 많고 좋아하는 것과 싫어하는 것도 많다는 걸 너무나 잘 알고 있었지요. 그런 아이들을 보고 당황한 시쿠리니 씨는 결국 자신을 꽁꽁 싸매고 있는 벨트를 풀 듯 모든 걸 버리고 어디론가 떠납니다. 시쿠리니 씨는 그

곳에서 또 다른 모습의 자신을 만날 수 있을 겁니다. 그 모습이 무엇일지 궁금하죠?

우리 아이들은 똘똘하게도 자신의 모습이 여러 개 있어도 괜찮다는 걸 알고 있었나 보네요.

나의 자기 복합성을 이해하려면 무엇을 해야 할까요?

우선 내가 어떤 사람인지 탐색하는 게 중요하겠죠. 나의 감정과 생각, 그리고 주변을 살펴보고 어떤 일이 일어나는지 탐색해야 합니다. 때론 나를 찾아 떠나는 여행에서 길을 잃을 때도 있을 거예요. 하지만 포기하지 않고 자신의 속도로 가다 보면 길은 나오게 되어 있습니다. 혹시 나도 모르게 원치 않는 반복적 패턴이 있다면, 언제 내 안에서 불편한 일이 일어나는지 인식하고 있다면 부정적 감정이 점점 작아지는 경험을 하게 될 것입니다.

우리 안에 있는 다양한 자신의 모습을 하나하나 살펴보세요. 그 모든 모습을 안아주고 정확히 인지할 때 자기 복합성이 높아집니다. 언제나 답은 '나 자신'에게 있습니다.

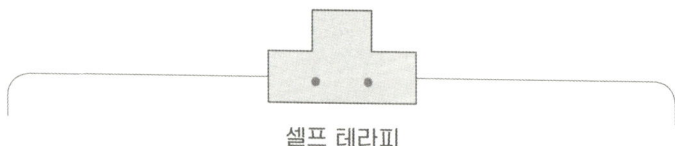

셀프 테라피

Q. 나는 어떤 다양한 모습으로 살아가고 있나요?

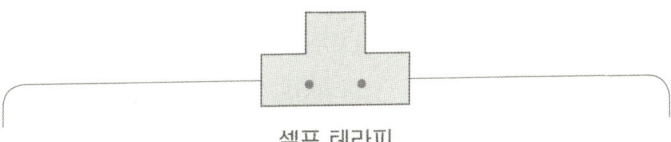

셀프 테라피

Q. '현재의 나'와 '되고 싶은 나'를 구분해서 떠올려볼까요?

내가 원하는
눈덩이는?

《작은 눈덩이의 꿈》
이재경 글·그림 | 시공주니어

> 인생의 의미와 방향

"제가 지금 잘하고 있는지 모르겠어요!"

우리는 새로운 환경에 처음 적응할 때 보통 두렵고 불안한 마음에 휩싸입니다. 그러면서 자신보다 실력이 뛰어난 동료나 선배를 동경하면서 닮고 싶어 합니다. 때론 시기 어린 질투를 하기도 하지요. 그리고 더 나아가 스스로를 비난하며 탓하기도 합니다.

그럴 땐 잠시 멈춰서 환기를 시킬 필요가 있는데요. 방 안이 탁해지면 창문을 열어 공기의 순환을 돕듯이 마음의 순환도 필요합니다. 스스로를 비난하는 행동을 멈추고, 잠시 심호흡을 하세요. 그리고 그동안 해온 일의 진행 상황이나 적응하기 위해 노력한 부분을 점검해보도록 합니다. 분명 여기까지 오기 위해 한 걸음 한 걸음 땀 흘려 노력한 자신의 모습이 보일 것입니다.

반복되는 일상을 살다 보면 시간의 흐름을 인식하지 못한 채 어느새 나도 모르게 멀리까지 와 있다는 사실을 알아차릴 때가 있습니다. 그동안 어떤 길을 어떻게 달려왔는지, 그게 내가 원하는 길이었는지 지금 잠시 멈춰서 돌아보세요.

이재경 작가의 그림책《작은 눈덩이의 꿈》에서 작은 눈덩이는 멋지고 큰 눈덩이가 되고 싶은 꿈이 있습니다. 작은 눈덩이는 늘 큰 눈덩이가 되는 방법이 궁금했죠. 그러던 어느 날, 길에서 만난 큰 눈덩이가 자신이 그렇게 커진 건 "멈추지 않고 계속 굴렀기 때문이지"라고 말하곤 데굴데굴 굴러갔습니다. 작은 눈덩이는 큰 눈덩이처럼 구르기로 마음먹습니다. 그런데 구르는 게 생각보다 쉽지 않습니다. 숲길에서는 나무에 걸리고, 비탈길 아래에서는 속도가 너무 빨랐습니다. 생각만큼 쉽지 않은 여정입니다.

작은 눈덩이는 여행 중에 만난 까마귀와 함께 큰 눈덩이가 되기 위한 길을 떠납니다. 그리고 부서진 채 멈춰 있는 큰 눈덩이, 작은 눈덩이들에게 자기 몸에 붙으라며 욕심을 부리는 큰 눈덩이, 햇볕 아래 잠을 자며 녹고 있는 큰 눈덩이 등을 만납니다. 자신이 만났던 멋진 큰 눈덩이의 모습은 어디에도 없습니다. 작은 눈덩이는 덜컥 겁이 납니다.

작은 눈덩이는 자신이 왜 구르고 있는지, 무엇을 향해 가고 있는지 궁금해졌어요. 지금까지 작은 눈덩이는 자기 마음의 목소리가 아닌, 우연히 만난 큰 눈덩이의 말을 들으며 굴러왔죠. 그런데 조력자이자 여행 동반자인 까마귀가 방향을 잡을 수 있도록 나침반이 되어주었습니다. 그 까마귀 덕분에 작은 눈덩이는 자신의 힘으로 굴러야 정말 자신이 가고 싶은 곳을 알 수 있다는 걸 깨닫습니다.

자신이 원하는 방향으로 굴러가고 있을 때, 작은 눈덩이는 꼬마 눈덩이를 만납니다. 그런데 그 꼬마 눈덩이가 어떻게 하면 크고 멋진 눈덩이가 될 수 있는지 호기심 가득한 눈으로 물었죠. 예전의 꼬마 눈덩이였던 작은 눈덩이는 어느새 큰 눈덩이가 되어 있었던 것이죠.

우리는 울퉁불퉁한 숲길 또는 비탈길을 힘겹게 지나며 평평한 길을 찾기 위해, 큰 눈덩이가 되기 위해 구르고 또 구르고 있습니다. 그리고 곧은길을 가지 않더라고 스스로 개척한 길을 가다 보면 어느새 우리가 목표한 것을 이루어낼 수 있습니다. 그만큼 성장해 있는 자신을 발견할 수 있죠.

그림책 속 작은 눈덩이는 다른 사람의 목소리가 아닌 자기 내면의 목소리를 들으며 앞으로 향해 나아갔고, 어느새 자신이 원하는 큰 눈덩이가 되었습니다.

과연 내가 되고 싶은 큰 눈덩이는 무엇일까요?

누구에 의한, 누구를 위한 눈덩이가 되고 싶은 건 아닌가요?

오늘은 모든 걸 잠시 멈추고 지금의 내 모습이 오롯이 나를 위한 것이었는지 생각해 볼까요?

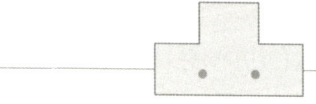

셀프 테라피

Q. 올해 계획한 내 눈덩이는 어떤 모습이었나요?
지금-여기, 나는 어떤 눈덩이인가요?

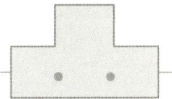

셀프 테라피

Q. 내가 마주할 미래에는 어떤 눈덩이가 되고 싶은가요?

나의 '그때'는
언제일까요?

3

《때》
지우 글·그림 | 달그림

> 누구나 다 때가 있다

"당신은 지금 간절히 기다리는 때가 있나요?"

세상에 저절로 이루어지는 것은 없습니다. 준비해온 시험에 합격했을 때, 1년 6개월의 군 복무를 마치고 전역할 때, 오랜 공부를 마쳤을 때, 고통스러운 치료를 끝냈을 때. 얼마나 간절히 기다렸나요!

누구에게나 '때'를 맞이하기 위해 열심히 노력하고 버텨야 했던 시간이 있었을 것입니다. 눈앞에 결과가 바로 나타나지 않아 좌절했던 시간도 있었겠지만, 포기하지 않았기 때문에 '그때'를 만날 수 있었을 거예요.

우리는 무언가를 시도하기 위해 수많은 고민을 합니다. 생각으로만 그치는 게 아니라, 가장 중요한 것은 용기를 내어 시도하는 일입니다. 시도하면 과정이 생기고, 그 어떤 것이든 결과가 있기 마련입니다.

분명 시도하기 전과 시도한 후의 '나'는 달라져 있습니다. 무엇이 달라져 있을까요?

지우 작가의 그림책 《때》에서 앞 면지를 보면, 목욕탕에 들어가기 전과 나왔을 때의 모습이 달라져 있습니다. 여러분도 발견하셨을까요?

어릴 적 엄마와 일요일 아침마다 손을 잡고 목욕탕에 갔습니다. 그때는 일찍 일어나는 게 무척 귀찮았는데, 지금 생각해 보면 엄마와 함께한 시간들이 소중한 추억으로 남아 있습니다. 따뜻한 탕에 몸을 담그고 나와 타월로 몸을 쓰윽 밀면 때가 나오기 시작하죠. 슥슥슥. 신나게 때를 밀다 보면 친구와 싸워 속상했던 마음도, 시험을 못 봐서 짜증 났던 마음도 함께 사라집니다.

그림책《때》에 나오는 여인도 신나게 때를 씩씩 쓱쓱, 싹싹 썩썩 밀어댑니다. 신나게 때를 밀고 집으로 돌아가는 여인의 뒷모습이 상쾌해 보이기까지 합니다. 목욕탕에 들어가기 전의 모습과 달라졌는데요, 여인이 처음에 했던 머플러와 바람결이 바뀌었습니다. 때를 밀고 나오니 가벼운 바람이 불어 때수건 머플러를 가볍게 날립니다.

때수건 머플러와 바람결은 묵혀둔 감정이 씻겨 내려간 가벼운 마음을 나타내는 것 같습니다.

여러분도 무언가를 결심하고 실행했을 때 그 전과 후가 달라져 있는 '나'를 발견할 수 있을 텐데요, 그건 우리의 마음가짐이 달라졌음을 의미합니다. 분명 생각으로만 그친 게 아니라 실행했을 때 자신이 좀 더 단단해졌음을 발견했을 거예요. 그럴 때 우리는 한 발짝 나아간 자신에게 잘했다고 칭찬해줘야 합니다. 그러면 우리는 그 힘으로 더욱 성장할 수 있습니다.

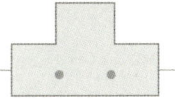

셀프 테라피

Q. 내가 지금 간절히 원하고 있는 '때'는?

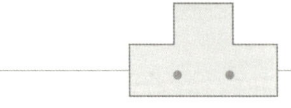

셀프 테라피

Q. 그동안 시도하지 못했을 '때'는 무엇 때문에 망설였나요? 무엇이 두려웠나요?

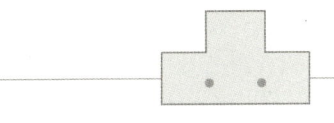

셀프 테라피

Q. 그것을 위해 실제로 노력하고 있는 일은 무엇인가요?

내가 만든
눈덩이

《두더지의 고민》
김상근 글·그림 | 사계절

내 안의 고민

"걱정을 낙엽으로 표현하자면요, 다른 사람이 3센티미터 쌓인 높이의 낙엽이라면 저는 30센티미터 높이의 낙엽이 쌓였을 거예요."

조용히 무표정한 얼굴로 툭 내뱉은 이 말은 자신의 고통을 한마디로 정리하고 싶은 의미로 들렸습니다.

20대 대학생 영석 씨는 고민과 생각이 많아 두통에 시달린 지 오래였습니다. 내려놓고 싶어도, 생각하고 싶지 않아도 자동으로 떠오르는 고민과 생각들로 고통스러웠습니다. 이 고민이 차곡차곡 쌓여서 '나는 형편없는 사람이야. 능력이 없어'라는 부정적 사고에 사로잡혔습니다. 이런 성향이 심해지면 앞으로 일어날 일을 예상하며 겪는 '예기 불안', 일상생활에서 구체적 사건을 합리적이지 못한 방식으로 받아들여 자신을 비난하고 부정적으로 바라보는 '비합리적 신념'으로까지 이어집니다. 그러면 자기 자신을 함부로 대하고, 스스로의 노력을 인정하지 않게 됩니다. 예기 불안이 높아지니 미리 준비해놓지 않으면 실수를 하고, 작은 실수도 용납하지 않으니 그 화살을 또 자신에게 쏘아대는 패턴을 반복합니다.

오랜 시간 자신을 탐색한 결과, 영석 씨는 실수를 줄이기 위해 상대방이 자신에게 질문할 내용과 그에 대한 답을 미리 짜서 대비해놓기로 했습니다. 그리고 시나리오대로 어느 정도 상황이 진행되면 그제야 안심할 수 있었죠. 남들은 하지 않는 준비를 해야 하는 수고로움이 있지만, 그러지 않을 경우 당황해서 스트레스를 받는 것보다는 낫습니다. 이처럼 자신에게 맞는 적절한 대안을 찾아 대처하는 것도 현명하다는 생각이 들었습니다.

김상근 작가의 그림책《두더지의 고민》에서도 고민 많은 두더지가 등장합니다. 두더지는 눈이 펑펑 오는 날, 자신에게는 왜 친구가 없는지 고민에 빠져 눈이 머리에 쌓이는지도 모른 채 걷고 있어요. 그리고 고민이 있을 때는 눈덩이를 굴려보라는 할머니의 말씀이 떠올라 눈덩이를 굴리기 시작해요. 눈덩이를 굴리며 고민하는 모습이 귀엽기도 하고, 앞으로의 상황이 어떻게 펼쳐질지 흥미롭기도 합니다.

두더지는 눈썹에 잔뜩 힘이 들어가고 입을 꾹 다문 채 심각한 표정으로 열심히 눈덩이를 굴립니다. 가는 동안 잠자는 개구리, 토끼, 피리 부는 여우, 옥수수 먹는 멧돼지, 눈사람 만들고 있는 곰이 모두 눈덩이에 묻혀버립니다. 그것도 모른 채 두더지는 계속 고민을 하며 눈덩이를 굴리고 있었던 거죠. 그러다 갑자기 살려달라는 소리가 들려 눈덩이를 살펴보니 친구들이 있는 겁니다. 혼자가 아니라는 생각, 자기만 친구를 기다린 게 아니라는 생각에 두더지는 얼마나 기뻤을까요?

두더지가 눈덩이를 굴리는 장면이 머릿속에서 펼쳐집니다. 고민은 꼬리에 꼬리를 물고 점점 길어집니다. 생각의 늪에서 헤어 나올 수가 없습니다. 길게 늘어진 생각의 꼬리를 자를 수 있는 사람은 '나'뿐입니다.

우리는 힘든 상황이 닥치면 나에게만 그런 일이 생긴다고 생각하죠. 그러나 주위를 살펴보면 사람들은 모두 제각기 차마 말하지 못하는 비밀, 어려움을 갖고 살아갑니다. 나 혼자라는 생각에 매몰되어 아무에게도 말을 하지 않으면 그 누구도 도움을 줄 수 없고, 다른 사람에게도 나름의 어려움이 있을 거라는 생각을 하지 못합니다. 주변을 둘러보면 누군가 한 명은 나를 보고 있을 겁니다. 그에게 다가가 나의 이야기를, 내 마음의 이야기를 하나씩 들려주세요. 그러면 그와 마음으로 연결될 것입니다. 서로 도움을 주고받으면 부담이 덜 될 테니까요.

언제나 답은 내 안에 있습니다.
그리고 답은 멀리 있지 않습니다.
가까이 가까이 들여다봐야 알 수 있습니다.
천천히 천천히 겁내지 말고 당신의 마음을 살펴보세요.

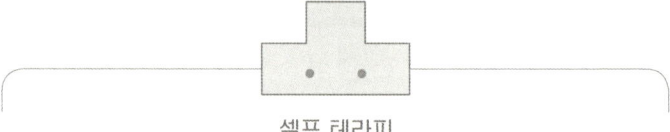

셀프 테라피

Q. 현재 어떤 눈덩이(고민, 어려움)를 굴리고 있나요?

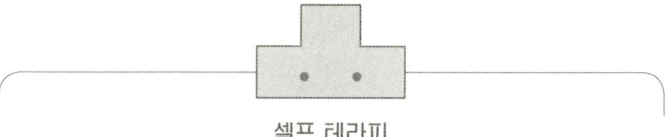

셀프 테라피

Q. 나는 그 눈덩이를 어떻게 마주하고 있나요?

나만의 색깔이
꼭 필요할까요?

《색깔의 비밀》
차재혁 글 | 최은영 그림 | 논장

> 다름과 변화

"저는 다른 사람들처럼 특별한 저만의 색깔이 없어서 고민이에요."

나만의 색깔은 무엇일까요? 내가 정해놓은 색깔은 무엇이고, 그 색깔을 언제까지 지킬 수 있을까요?

여러분은 여러분만의 색깔을 갖고 있나요? 한 가지 색이 아니라, 여러 가지 색을 갖고 있나요? 누군가는 평범한 학창 시절을 보내고, 큰 문제 없이 살아온 자신의 삶이 가치 없다고 이야기합니다. 그 어떤 삶도 가치가 없지는 않은데 말입니다.

차재혁 작가가 쓰고 최은영 작가가 그린 그림책 《색깔의 비밀》은 사이좋은 네 형제가 살고 있는, 색깔 안개가 피어오르는 특별한 곳을 소개합니다. 네 형제는 각각 네 가지 색의 안개 속에서 일하고 있어요. 무슨 일을 하는지 함께 볼까요?

첫째는 보라색 안개 속에서 보리를 키우고, 둘째는 파란색 안개 속에서 물고기를 잡고, 셋째는 초록색 안개 속에서 채소를 가꿔요. 막내는 빨간색 안개 속에서 돼지를 키우고요. 일을 할수록 형제들은 각자의 색으로 진하게 물들지요.

첫째는 보라색, 둘째는 파란색, 셋째는 초록색, 넷째는 빨간색으로.

네 가지 색과 형제들은 어떤 관계가 있을까요?

하영 씨는 어릴 때부터 특별한 사람이 되고 싶었습니다. 친구가 갖고 있지 않은 물건과 학용품, 입지 않는 옷과 신발 등등으로 자신을 돋보이게 만들고 싶었답니다. 그러나 나이가 들면서 노력하지 않아도 스스로 자신을 인정하면 특별한 사람이 될 수 있다는 걸 깨달았다고 합니다.

《색깔의 비밀》에 등장하는 막내가 어느 날 갑자기 자신에게 있던 빨간색으로 물들지 않은 채 돌아왔어요! 색깔이 빠진 동생을 보고 형들은 당황했어요. 갑자기 자신들과 달라진 동생이 괴물로 변할까 봐 두려움, 불안감, 호기심, 거부감, 걱정 등 다양한 감정에 휩싸였겠죠. 그래서 형들은 막내를 다시 원래 모습으로 되돌리려고 갖은 노력을 합니다. 빨간 음식도 먹여 보고, 빨간 옷도 입혀보고, 함께 일도 나가보지만 동생은 그대로입니다.

형들은 허둥지둥 어쩔 줄 모르지만, 막내는 아무렇지 않은 표정으로 즐겁게 일상을 보내고 있어요. 막내는 어쩌면 자신의 변화를 자연스럽게 받아들이고 있는지도 몰라요.

그러던 중 형들도 점차 자신의 색깔이 빠지고 있다는 걸 깨닫습니다. 그러나 막내를 통해 이미 경험했기 때문에 자신들의 변화를 당황하지 않고 받아들이기로 합니다. 그리고 색이 있든 없든 괜찮다고 이야기하지요. 그들은 형제니까요.

삶을 살아가면서 우리의 색깔은 언제든 변할 수 있습니다. 나에게는 다양한 내 모습이 있다는 것과 나만의 색깔을 온전히 수용하는 자세가 중요합니다.

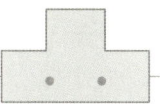

셀프 테라피

Q. 나를 나타내는 색은 무엇일까요? 좋아하는 색을 골라도 괜찮아요. 한 가지 색일 수도, 여러 가지 색일 수도, 여러 가지가 섞인 색일 수도 있습니다. 새로 만들고 싶은 색이 있다면 얼마든지 만들어도 좋습니다.

(어제는 주황색, 오늘은 노란색, 내일은 초록색일 수도 있습니다. 괜찮습니다. 다양한 내 모습이 바로 '나'입니다. '다양한 나'일수록 괜찮습니다.)

셀프 테라피

Q. 나의 강점과 약점은 무엇인가요?

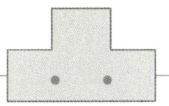

셀프 테라피

Q. 최근 당신이 겪은 정서적·신체적 변화가 있나요?

_____
_____
_____
_____
_____

Q. 당신은 그 변화를 어떻게 마주했나요?
[수용, 문제 해결 능력]

_____
_____
_____
_____
_____

당신의 내면 아이는 잘 지내고 있나요?

《미영이》
전미화 글·그림 | 문학과지성사

> 내 안의 어린아이(내면 아이)

전미화 작가의 그림책 《미영이》 표지를 가만히 들여다보고 있으면 덥수룩한 머리에 꾹 다문 입, 동그랗게 뜬 작은 눈이 마음은 이미 다 알고 있지만 정말 궁금하다는 듯 말을 걸고 있는 것 같습니다.

색을 입히지 않은 흑백의 장면들이 자신을 두고 간 엄마를 기다리는 미영이의 먹먹한 마음을 대신 이야기하는 듯합니다. 미영이의 다듬지 않은 머리와 무표정한 얼굴이 가슴을 턱턱 막히게 합니다. 웅크리고 앉아 엄마를 기다리며 미영이는 얼마나 불안했을까요? 친척 집에 가서도 엄마를 기다리며 자신의 처지와 비슷한 강아지를 돌봐줍니다.

캄캄한 밤이 되면 강아지도 엄마가 보고 싶은지 낑낑거리는데, 미영이는 짜증이 납니다. 그럴 때는 강아지한테 손가락을 물려주면 조용해집니다.

필자의 아이가 어릴 적 울고 보채는 이유를 몰라 허둥대며 이것저것 다 해보고, 마지막으로 안정을 찾았을 때 안도의 한숨을 쉬었던 생각이 납니다. 미영이도 엄마가 자신에게 해준 따뜻했던 기억이 떠올라 강아지한테 손가락을 물렸을지도 모릅니다. 강아지는 늘 챙겨야 하는 귀찮은 존재지만, 강아지와 미영이는 서로에게 꼭 필요한 존재였을 거라고 생각합니다.

어느 날 하늘도 미영이의 착한 마음을 알아주셨는지, 손에서 설거지 냄새를 풍기는 엄마가 돌아와 미영이를 집으로 데려갑니다.

미영이를 통해 저는 저의 '내면 아이', '어린아이'를 만났습니다. 아빠가 어릴 적 돈을 벌기 위해 사우디아라비아에 가셨습니다. 그걸 몸으로 기억하고 있었을까요.

상담 전문가 수련을 하기 위해 집단 상담에 참여했을 때 일입니다.

지도자가 말했습니다.

"초기 기억(생후 6개월부터 8세에 경험한 사건에 대한 기억)을 떠올려보세요."

저는 동굴 속에 웅크리고 있는 제가 보였습니다. 희미하게, "누가 와주면 좋을까요? 누굴 기다리고 있나요?"

"아빠가 두 손을 벌리고 동굴 밖에 있어요. 아빠가 안아주었어요. 너무 따뜻해요."

그런 다음 힘들게 몸을 일으켜 동굴 밖으로 나갔던 기억이 있습니다. 눈을 감은 채 눈물을 많이 흘렸습니다. 작업하기 힘들었던 나의 내면 아이, 꽁꽁 묶어두었던 나의 어린아이. 이 생각을 떠올리면 제가 감당하지 못할 단단한 돌덩이가 느껴집니다. 어릴 적 아빠의 부재가 제 안에 그리움으로 남아 있었습니다. 제 안의 어린아이를 쓰담쓰담합니다.

"괜찮아. 엄마가 곁에 있고, 아빠도 건강하게 돌아오셨잖아. 늘 네 곁에 있을 거야."

미영이가 엄마를 만난 것처럼 우리도 우리의 내면 아이를 따뜻하게 만날 수 있는 시간, 포근하게 안아줄 수 있는 시간이 필요합니다.

우리의 내면 아이는 우리와 함께 성장하고 있습니다. 때론 미성숙한 내가 있고, 때론 괜찮아 보이는 내가 있습니다. 둘 다 모두 '소중한 나'라는 사실을 기억해주세요.

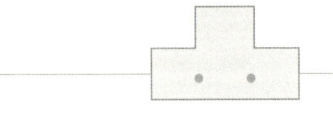

셀프 테라피

Q. 초기 기억 속 당신의 내면 아이는 몇 살인가요?
어떤 장면이 떠오르나요?

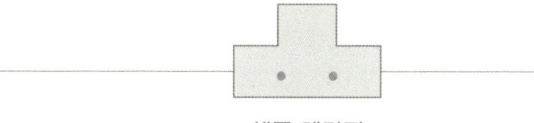

셀프 테라피

**Q. 지금 당신의 내면 아이와는 어떻게 지내고 있나요?
얼마나 성장했나요? 몇 살인가요?**

결핍(정서적 허기) 채우기

7

《두근두근》
이석구 글 그림 | 고래이야기

> 정서적 결핍 마주하기

오늘 어떤 아침을 맞이하셨나요? 어제보다는 좀 더 가벼운 아침을 맞이하셨을까요? 잠시 눈을 감고 자신에게 "00야, 잘 잤어? 오늘도 잘 지내보자"라고 한마디 건네보세요. 한결 가벼운 마음으로 하루를 시작할 수 있고, 마음이 온기로 차오르는 걸 느낄 수 있을 거예요. 혹시 누군가 옆에 있다면 같은 인사로 마음을 전하는 여유가 있길 바랍니다.

누군가는 바쁜 계절의 변화도 겨우 알아차리고, 하루하루 애쓰며 살아갑니다. 오늘도 무거운 가방을 어깨에 메고 버스에서, 지하철에서 목적지를 향해 가고 있겠지요. 늘 잰걸음으로 바삐 다니느라 주변을 둘러볼 여유가 없는 삶이에요. 그러다 문득 발걸음을 멈추었을 때 밀려오는 공허함. 저는 그런 감정이 뭔지 몰라 당황해하는 사람을 많이 보았습니다. 다른 무엇으로 채우려 해도 채워지지 않아 괴롭죠. 그건 바로 정서적 허기, 즉 결핍입니다.

우리 그 존재를 함께 만나볼까요?

이석구 작가의 그림책 《두근두근》에 나오는 브레드 씨는 부끄러움이 많아 마을에서 좀 떨어진 곳에 혼자 살고 있어요. 어쩌면 그동안 브레드 씨는 그런 성격 때문에 고립과 단절을 선택했을지도 몰라요. 그리고 혼자여서 외로웠겠죠.

브레드 씨는 달콤한 소라빵, 촉촉한 크림빵, 바삭한 바게트, 사르르 녹는 롤빵, 고소한 호밀빵 등 다양한 빵을 만들어요. 그런데 아는 사람을 만나도, 모르는 사람을 만나도 부끄러워 가슴이 두근거려요.

그러던 어느 날 동물 친구들이 브레드 씨를 찾아와요. 산책을 나온 코알라, 똥을 누지 못한 생쥐, 추위를 잘 타는 양, 요즘 통 입맛이 없는 곰, 맛있는 냄새를 맡고 온 고양이 등이에요. 모두 무언가 필요한 친구들이죠.

브레드 씨는 갑자기 찾아온 동물 친구들이 부담스럽지만, 맛있고 따뜻한 빵으로 그들에게 필요한 것을 채워주지요. 동물들은 그 덕분에 똥도 잘 누고, 몸도 따뜻해지고, 허기도 면하게 되죠.

그리고 동물 친구들 덕분에 브레드 씨의 부끄러움도 조금씩 조금씩 사라져요. 이제는 문 두드리는 소리에 놀라지 않고, 사람들을 피하지도 않아요. 동물 친구들과 브레드 씨가 서로에게 부족한 부분을 천천히 채워주고 있었던 거예요.

우리는 정서적 허기와 결핍을 느낄 때 외부 환경을 바꾸려 합니다. 굳이 필요하지도 않은데 더 크고, 더 화려하고, 더 비싼 것을 추구하죠. 이는 본질을 보려 하지 않는 거예요. 하지만 다른 것을 추구한다고 달라지는 것은 없습니다. 결코 만족스럽지 않죠. 그렇다면 무엇을 어떻게 채워야 할까요?

결핍을 채우는 것은 사실 어렵습니다. 상대에게 꼭 필요한 것을 파악하지 못하면 자기 기준으로 채우려 할 것입니다. 타인의 처지가 되어 고민해보면, 고가의 물건이 아니어도 그 마음에 가닿겠지요. 브레드 씨가 동물 친구들에게 꼭 필요한 빵을 선물했듯이 말이에요.

우리는 혼자보다 '함께'일 때 더 풍성해질 수 있습니다. 내 결핍의 공간이 타인의 마음으로 스며들어 서로의 손을 맞잡게 될 거예요.

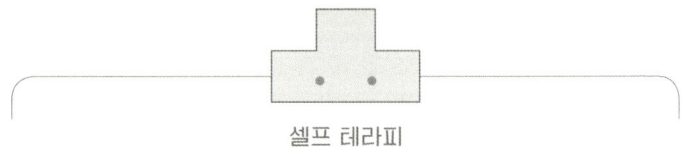

셀프 테라피

Q. 정서적 허기가 느껴질 때 나는 어떻게 채우나요?

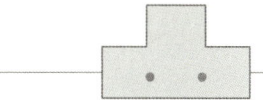

셀프 테라피

Q. 당신은 자신을 위해 어떤 빵을 만들고 싶은가요?

'나다움'을 찾아서

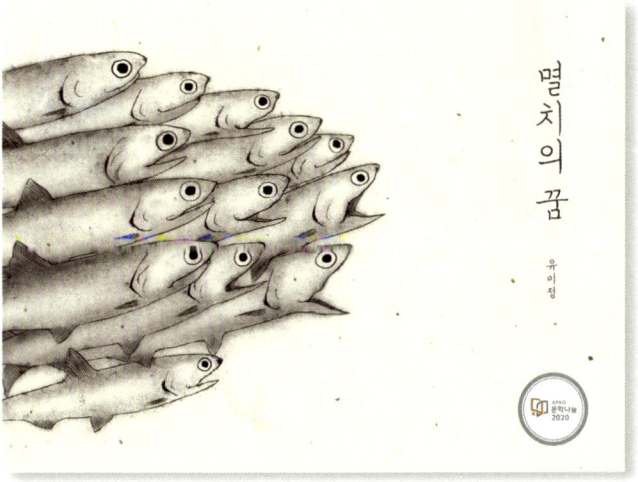

《멸치의 꿈》
유미정 글 그림 | 달그림

> 자아 정체성

"나를 찾아가는 일은 너무 어려워요. 저에 대해서 무슨 말을 해야 할지 모르겠어요."

접수 면접을 하다 보면 '문장 완성 검사'에서 내담자들은 글을 쓰던 손을 멈추고 심각하게 생각하곤 합니다.

"처음 받아보는 질문이 많죠? 너무 고민하지 말고 생각나는 대로 쓰시면 돼요. 정해진 답은 없어요"라고 이야기하면 그제야 안심하고 조금씩 다시 쓰기 시작합니다. 상담에서는 평소 들어보지 못했던, 자신에 대해 깊게 고민하고 대답해야 하는 질문이 많습니다. 그럴 때는 당황스럽기도 하고 순간 멍해지는데, 이는 '나'라는 사람에 대해 그동안 집중해서 들여다보는 작업을 해볼 여유도 없었고 방법도 몰랐기 때문이지요.

유미정 작가의 그림책 《멸치의 꿈》에서 주인공 멸치는 바다에서 형제자매들과 신나게 놀다가 달빛을 쫓아 몰려갔는데, 앗! 고깃배 등불인 거예요. 멸치는 그물에 잡혀 소금물에 팔팔 삶기고, 햇볕에 쪼글쪼글 말려집니다. 그리고 서로 경쟁하듯 키 재기를 해서 등급이 나뉩니다. 우리 사회와 비슷한 모습이 멸치의 세상에서도 펼쳐집니다. 인간 사회에서는 성적으로, 외모로 키 재기를 하죠.

상자에 담겨 서로의 마른 몸을 끌어안고 바다를 그리워하는 멸치는 사람들에 의해 머리, 몸통, 배, 똥, 창자까지 갈기갈 기 찢깁니다. 온몸이 가벼워진 멸치는 바다로 갈 결심을 합니 다. 비록 갈기갈기 나뉘었지만, 멸치 본연의 모습은 변하지 않 을 거라고 스스로 다짐합니다. 여기서 오히려 힘이 느껴지는 데요, 멸치들이 제게 당당하게 말을 건네는 것 같습니다.

멸치는 누군가에 의해서가 아니라 '스스로' 바다로 돌아갈 꿈을 꿉니다.

멸치처럼 우리도 내 안의 모든 걸 내어놓아야 진정한 '나다 움'을 찾는 것이 아닐까 생각해봅니다.

나다움은 그 누구도 의식하지 않고 오롯이 자기 생각과 감 정에 충실한 것을 말합니다. 그럴 때 자신의 슬픔, 즐거움, 분 노, 화남, 수치심 등 감정의 밑바닥을 볼 수 있죠. 이제 누군가 에 의해 끌려가는 게 아니라 내가 '주인공'이 되는 것입니다. 내 삶의 '주체'가 됩니다.

이 그림책을 내담자들과 함께 보았을 때 다양한 반응이 있 었습니다. "그림이 그로테스크하지만 작가의 말을 읽고 조금 은 이해가 되었다. 선생님이 왜 이걸 선택했는지 공감할 수 있 었다." "우리 가족 관계가 생각난다." "느낌이 잘 오지 않았지 만 멸치가 '아낌없이 주는 나무'같이 느껴지고 슬펐다." "똥을 뺀 멸치가 사람으로 치면 고난과 역경을 딛고 고요함을 찾아 서 떠나간다는 생각이 들었다."

그리고 "멸치처럼 내 몸과 마음이 조각난 경험을 해본 적이 있나요?"라는 질문에도 다양한 대답이 나왔습니다. "권위적인 아버지로부터 존중받지 못할 때." "직장 생활을 열심히 했는데 좌절했을 때." "인간관계를 상실했을 때." "대학 생활을 하느라 지방에서 서울로 올라와 외로운 시간을 보냈을 때." "전 직장에서 번아웃을 겪으며 내가 뭘 하고 있나 하는 생각이 들었을 때." "불안증이 있는데 그걸 해소할 방법을 잘 몰라서 자꾸 무너지고 있다는 생각이 들 때."

이제 《멸치의 꿈》을 통해 나다움을 찾아가는 여행을 떠나보세요.

나로 인해 또는 타인에 의해 나를 상실했을 때 주저앉기보다 자신을 탐색해보면 어떨까요? 나를 들여다보기 시작하면 내가 어떤 사람인지 하나둘 알게 될 것입니다. 나의 강점과 약점, 좋아하는 것과 싫어하는 것, 대인 관계 패턴, 무엇을 할 때 행복한지 등등. 이렇게 나를 인식하며 우리는 나다움을 찾아갑니다. 저는 이것을 '회복'이라고 이야기합니다.

누군가의 기대(양육자의 목소리)나 바람에 의해 끌려가는 삶이 아니라 내가 '주체, 주인공'이 되어 한 걸음씩 나아가면 어떨까요? 비록 속도는 느릴 수 있지만 나다움으로 반짝이는 나를 찾을 수 있을 것입니다.

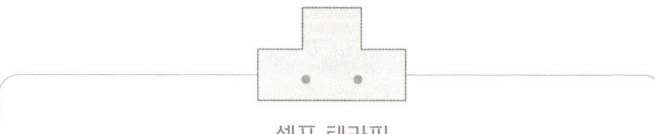

셀프 테라피

Q. 내 몸과 마음이 조각난 경험이 있나요?

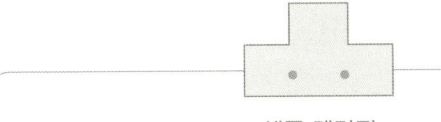

셀프 테라피

Q. '나다움'을 찾기 위해 어떤 노력을 하고 있나요?

마음이 어려워

《어려워》
라울 니에토 구리디 글 그림 | 문주선 역 | 미디어창비

> 정서적 소진에 대하여

지인들에게 "언제 마음이 어렵다는 생각이 들어요?"라는 질문을 하면 "생각하지 못한 위험한 상황에 처했을 때" "나 자신이 무너짐을 느낄 때" "완벽해지고 싶은 마음에 스스로를 괴롭힐 때" "다른 사람들과 불편한 관계에 있을 때" "끊임없이 해야 하는 일에 대한 부담감이 있을 때" 등의 대답을 종종 듣곤 합니다.

우리는 가끔 너무 지치고 힘들면 자신도 모르게 "어렵다. 마음이 힘들다"라는 혼잣말을 할 때가 있어요. 그러곤 깜짝 놀랍니다. '내가 지금 너무 지쳤구나. 몸과 마음이 신호를 보내고 있구나.' 이런 몸과 마음의 신호를 무시하면 안 되는데, 여유가 없다 보니 그냥 지나쳐버리기 십상입니다.

라울 니에토 구리디의 그림책 《어려워》의 면지를 넘기니 첫 장이 검은색입니다. 무거운 마음의 색을 그대로 보여주는 것 같습니다. 《어려워》에 나오는 아이는 세상의 시끄러운 소리 때문에 마음이 어렵습니다. 아이의 작은 목소리가 시끄러운 소리에 파묻혀 전달되지 않아서 속상한 걸까요?

빵집 주인아저씨, 아나와 안토니아 아주머니, 버스 기사 아저씨에게 "안녕하세요"라고 말하고 싶지만 할 수 없습니다. 아이에게 말하는 건 몹시 어려운 일이니까요. 주변에 누군가 있을 때는 마음속으로 늘 "안녕하세요"라고 인사합니다. 학교에 가도 어려운 건 똑같습니다. 온통 시끄러운 소리뿐입니다. 친구들의 이름을 부르는 일은 없지만, 아이는 그 애들의 이름을 모두 알고 있습니다. 아이 혼자 외딴섬에 있는 느낌일 것 같아요. 엄마는 조급해하지 말라고, 언젠가는 말문이 열릴 거라고 위로합니다. 사람들은 그렇게 시간이 지나면 나아질 거라고 말하죠.

아이는 오늘도 용기를 냅니다. "안녕하세요?"

누군가에게는 "안녕하세요"라는 한마디가 별것 아닌 말이겠지만, 누군가에게는 온 에너지를 끌어모아 내뱉어도 입안에서만 웅얼거리는 말일 수 있습니다.

우리는 모두 말 못 할 어려운 일 하나쯤은 마음속에 비밀처럼 간직하고 있죠. 겉으로 괜찮은 척하며 표현하지 않을 뿐입니다. 이 그림책은 해피 엔딩으로 끝나지 않아서, 그만큼 현실적이어서 더 정감이 갔습니다.

오늘도, 내일도 아이는 용기를 낼 것입니다. 시도하고, 실패하고, 시도하고, 실패하고 계속 반복하다 보면 어느 날 문득 빵집 아저씨의 귀에 들리도록 인사를 하게 되겠죠.

사람의 일은 예측할 수가 없습니다. 눈앞에 펼쳐진 일, 목표로 설정해둔 일, 하고 싶은 일을 좇으며 앞만 보고 달려가다 갑자기 돌에 걸려 넘어져 주저앉을 수 있습니다. 그 슬픔 속에서 허우적대기보다 그림책《어려워》의 아이처럼 포기하지 않는다면 다시 또 일어나 시도할 수 있습니다. 그렇게 충실하게 살다 또 반갑게 만나면 되는 것입니다.

어려움을 마주했을 때, 어두움의 틈새에서 우리는 빛을 만날 수 있습니다.

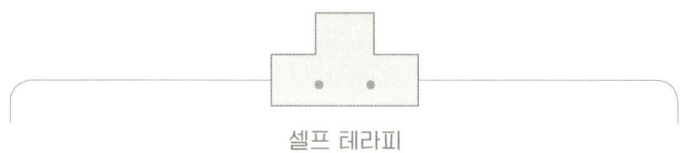

셀프 테라피

Q. 지금 나에게 마음이 어렵다는 것은 어떤 걸까요?

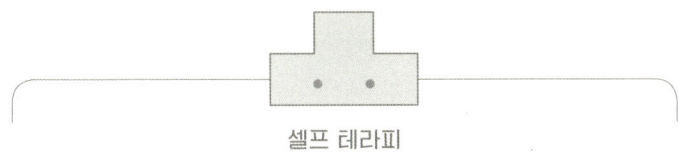

셀프 테라피

Q. 당신은 지금 뭐가 가장 어려운가요?

내가 있어야 할 곳은 어디인가요?

10

《바다로 간 고래》
트로이 하월 글 | 리처드 존스 그림 | 이향순 역 | 북뱅크

> 나의 진정한 자리

"지금까지 저에 대해 한 번도 생각해본 적이 없어요. 제가 누구인지 잘 모르겠어요."

수능을 치르고 명망 있는 대학교에 합격한 후에도 허탈감이 밀려왔다는 친구는 늘 가족 이야기만 했습니다. 자주 싸우는 부모님, 그 상황을 오롯이 보고 자라야 하는 동생들 걱정에 그 친구는 마음 편히 웃어본 적이 없습니다. 사실 그 친구가 지금 가족들을 위해 할 수 있는 일은 별로 없습니다. 가장 중요한 것은 자신에 대해 먼저 탐색해야 소중한 사람들을 돌볼 수 있다는 것입니다.

당신은 누구인가요?

당신은 무엇을 좋아하나요?

당신의 자리는 어디인가요?

내가 누구인지, 어떤 모습을 하고 있는지 가만히 들여다봅니다.

트로이 하월이 글을 쓰고 리처드 존스가 그림을 그린 《바다로 간 고래》의 웬즈데이는 일주일의 한가운데 있는 수요일이라는 뜻의 이름처럼 커다란 유리 어항 안에 있습니다. 사람들과 자동차, 세상 모든 것이 웬즈데이 주변을 빙빙 돕니다. 아주 높이 뛰어오를 때만 보이는 파란색의 무언가는 웬즈데이의 가

숨을 뛰게 만듭니다. 그게 무엇인지 모르겠지만 반복되는 일상에 웬즈데이에게 선물 같은 존재로 다가옵니다. 웬즈데이는 그 파란색을 보기 위해 뛰어오르고 또 오릅니다.

우연히 만난 한 여자아이는 웬즈데이에게 "진짜 너의 집은 여기가 아니고 바다야!"라고 말해줍니다. 좁은 어항이 집이라고 생각했던 웬즈데이는 밤낮으로 뛰어오르는 것도 잊은 채 고민하지만 바다가 무엇인지 알 수가 없습니다. 그저 생각나는 것은 파란색이었습니다. 오르고, 내려앉고, 다시 오르기를 반복합니다. 웬즈데이는 어떻게 되었을까요?

어느 날 웬즈데이는 있는 힘을 다해 힘차게 뛰어올랐고, 마침내 간절히 원하고 원하던 걸 찾았습니다. 웬즈데이는 자신의 자리를 찾았습니다. 바다를 만났고, 친구도 만났습니다. 오랜 시간 자기가 있을 곳은 어디인지, 자신이 누구인지, 무엇을 좋아하는지 끊임없이 탐색했기에 가능한 일이었습니다.

"당신의 자리, 당신이 있어야 할 곳은 어디인가요?"

타인이 아닌 자신에게 물어보세요.

답은 이미 내 안에 있습니다. 그 답을 행할 수 있는 내면의 힘을 키워주세요.

내 상태를 살펴보는 것이 힘을 키우는 일입니다.

자, 다시 뛰어오를 준비를 해볼까요? 있는 힘을 다해.

우리 모두를 응원합니다.

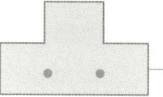

셀프 테라피

**Q. 나의 자리, 내가 있어야 할 곳은 어디인가요?
그곳의 향기와 모습은 어떠한가요?**

Q. 그곳에서 내 마음은 어떠한가요? 편안한가요?

2
탐색의 방

나의 욕구, 감정, 상태 탐색하기

'탐색의 방'에서는
나의 생각과 감정을 객관적인 눈으로 바라보게 됩니다.
자기 탐색이 깊어지고, 나의 목소리를 좀 더 크게 낼 수 있는
통찰의 시간입니다.

나만의 공간에서
도토리 시간을

1

《도토리 시간》
이진희 글 그림 | 글로연

{ 쉼표의 시간·위로의 시간 }

코로나19로 무너졌던 일상이 조금씩 회복되어가고 있습니다. 회복할 시간이 필요한 지금, 아무리 갖고 있는 에너지를 끌어모아도 겨우 하루하루를 버틸 수 있을 뿐입니다. 주위를 둘러보면 이 상황이 불안해 무기력에 빠진 지인도 많고, 반대로 지나치게 일에 몰두해 지친 듯한 사람도 많습니다. 살다 보면 스펀지에 물이 스며들 듯 몸과 마음이 무거워지는 날이 있습니다. 이럴 땐 쉬어야 하는데 우리는 또 하루를 살아가야 하니 마음 편히 쉴 수가 없습니다.

그럼에도 불구하고 나를 위로하며 소소한 행복을 느끼게 해줄 무언가를 떠올려봅니다. 분명 우리를 지탱해주는 버팀목 하나쯤은 있을 테니까요. 퇴근길에 문득 들리는 노랫소리, 입가에 잔잔한 미소를 머금게 하는 맛있는 음식, 다이어리에 붙어 있는 작은 생일 케이크 모양의 스티커, 콧구멍을 벌름거리게 하는 어느 빵집의 구수한 냄새, 소중한 사람과 다시 함께 가고 싶은 커피숍 등등.

잠시 그림책이 지닌 힘을 빌려 상상의 여행을 떠나보기로 합니다.

이진희 작가의 그림책《도토리 시간》에는 마음이 아주 힘든 날 혼자 있을 수 있는 '도토리 공간'이 있습니다. 작아진 몸과 마음을 달래기 위해 떠난 아이의 여행길은 순탄하지 못합니다. 색연필로 표현한 가느다란 선과 부드러운 색감이 지친 마음을 섬세하게 보여줍니다.

거친 빵의 계곡을 지나 희미한 책의 숲속을 걷고, 소란한 들판을 지나 기억의 바다를 건너고, 고양이의 산을 넘으면 나만의 도토리 공간을 만날 수 있습니다.

각자 나만의 공간, 도토리에 들어가볼까요?

잠시 쉼표를 찍을 수 있는 나만의 공간 도토리.

반갑구나, 반가워.

그곳에서 편히 발 뻗고 누워 뒹굴뒹굴하기도 해보고, 팔을 베고 누워보기도 합니다.

그곳의 온도는 아늑하고 포근합니다. 꽃향기도 나는 것 같습니다.

잠시 자연과 하나 되어 세상 밖 소음을 잠재우고 자기 내면의 소리에 귀 기울입니다.

도토리는 나의 의지로 들어갔다 나왔다 할 수 있는 공간입니다.

주위를 둘러보니 각자의 도토리 시간을 보내고 있네요. 우리 모두에게는 도토리 시간이 필요합니다.

우리는 어제 그랬듯 오늘도, 내일도 앞만 보며 달릴 테니까요. 그렇게 너무 달리다 보면 옆에 누가 오고 있는지, 함께 가고 있는 사람은 힘들지 않은지 잘 살펴볼 수가 없습니다. 그래서 도토리 시간이 필요합니다. 도토리 시간을 잘 보내는 사람은 경제적으로 풍족하지 않아도 정서적으로 여유가 있습니다.

마음 깊은 곳에 넣어두고, 몸과 마음이 지쳤을 때 나만의 공간 도토리 시간을 기억해주세요.

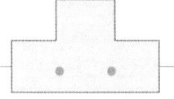

셀프 테라피

Q. 도토리 안에 있는 '나'에게 어떤 말을 해주고 싶은가요?

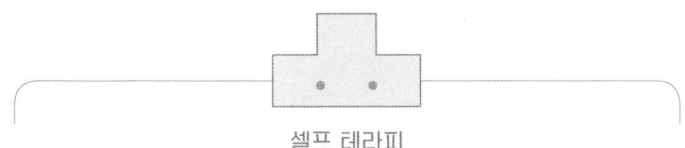

셀프 테라피

Q. 힘든 하루를 보낸 내가 마음을 쉴 수 있는 '나만의 도토리', 즉 시간이나 공간은 어디인가요?

나를
객관화한다는 것은

2

《우리는 당신에 대해 조금 알고 있습니다》
권정민 글 그림 | 문학동네

> 자기 객관화

"고착된 저의 가치관 때문에 너무 힘듭니다. 바꿔야 한다는 생각이 들지만 그러기가 힘들어요. 아무리 좋은 말이라도 행동으로 실행이 되지 않습니다."

7년간의 우울감에다 자신한테 껌처럼 붙어버린 비합리적 신념 때문에 20대 재완 씨는 하루하루가 고통입니다. 아무리 머릿속에 좋은 이론을, 훌륭한 치료법을 넣어도 행동으로 옮길 수 없는 자신이 싫습니다. 유튜브에서, 검색 사이트에서, 책에서 자신과 비슷한 증상을 검색해서 보고 또 봅니다. 하지만 행동으로 옮기는 일은 거의 없습니다. 이런 자신에게 스스로 비난의 화살을 보내기도 합니다.

또한 자신의 강점을 인정하지 않고, 타인의 긍정적 피드백조차 입바른 소리라고 의심을 합니다. 자신은 잘하는 것이 하나도 없고, 늘 부족하다고 생각합니다. 이렇게 재완 씨는 오롯이 자기만의 비합리적 신념에 사로잡혀 있습니다. 깊숙이 파놓은 굴속에 갇힌 채 고개를 들어 주변을 살필 여유조차 없어 보입니다.

이 친구에게 필요한 것은 무엇일까요?

자신을 객관화해서 바라볼 줄 아는 시선이 필요합니다.

권정민 작가의 그림책 《우리는 당신에 대해 조금 알고 있습니다》에서는 식물이 사람들을 지켜보고 있습니다. 뭔가가 우리를 지켜보고 있다는 생각이 드니 왠지 무섭기도 합니다. 우리의 일상을 들킨 것 같지만, 식물의 시선을 따라가면 제삼자의 관점에서 나를 볼 수 있습니다.

그림책에서는 식물이 바라보는 '당신'이라는 객체가 여러 명 있습니다. 그 당신은 바로 우리 자신입니다.

적성에 맞지 않지만 잘 버티고 있는 당신, 식물처럼 숨 쉬고 싶어 요가를 배우는 당신, 궁금한 것이 있어 도서관에 가는 당신, 가끔은 많이 힘들어 보이는 당신, 작은 숨소리를 발견하는 당신….

이는 '자기 객관화', 즉 있는 그대로의 자신, 내가 바라는 자신, 타인이 보는 자신의 차이를 이해하는 것입니다.

자기 객관화를 위해서는 스스로 빛날 수 있도록 영양분을 주어야 합니다. 그 영양분은 '나'와 대화하는 시간입니다. 나와의 충분한 대화를 통해 자신에 대한 이해, 사랑하는 마음이 한 겹씩 더해져 보호막이 생길 것입니다.

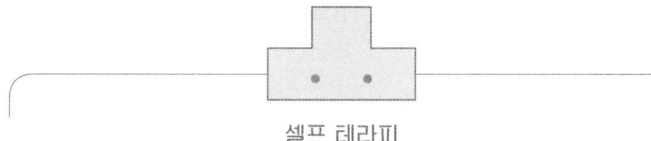

셀프 테라피

Q. 나는 어떤 식물이 되고 싶은가요? 화분은?
(그림으로 표현해도 좋아요.)

Q. 나에게 영양분(힘이 되는 존재)은 무엇인가요?

나의 상실
마주하기

3

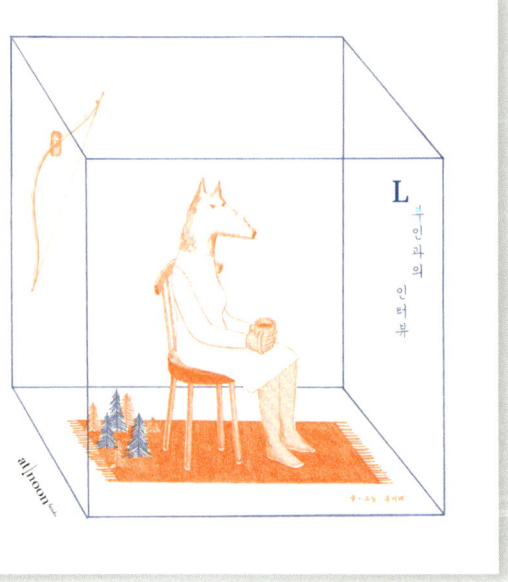

《L 부인과의 인터뷰》
옹지혜 글·그림 | 엣눈북스

| 자존감 찾기 |

"선생님 저라는 사람을 잃어버린 거 같아요. 저 되게 열심히 일하며 살아왔는데, 종일 아이하고 집에만 있어요. 이게 맞는 건지, 잘하고 있는 건지 모르겠어요."

필자는 30대 중반에 결혼하고 아이를 낳았습니다. 그때 산후 우울증으로 무척 힘들었는데, 특히 나 자신을 잃어버린 듯한 '상실감으로 인한 화'가 저 자신을 제일 괴롭혔습니다. 오롯이 나를 위해서만 살다가 누군가와 함께 가족이라는 울타리를 만들어야 하는 부담감이 아주 컸습니다. 나를 잃어버리는 게 아니라 내가 주체적으로 가족이라는 울타리를 만들어나가는 과정인데, 그동안 한 번도 해보지 못한 경험이었으니 두려움이 컸나 봅니다.

마음의 준비도 없이 아이를 마주했고, 육아도 일처럼 잘 해내고 싶었지만, 매뉴얼이 따로 없는 이 상태가 너무나 불편했습니다. 그 뾰족한 마음을 담아 남편에게 화살을 쏘아댔죠.

남편이 출근하면 종일 혼자서 아이를 보았고, 아이한테 일어나는 돌발 상황에 대처하는 일이 때론 두려웠습니다. 아이를 제대로 케어하지 못하면 능력 없는 엄마라고 스스로 자책했습니다.

그러던 어느 날, 제 여동생이 말했습니다. "언니, 그런 상태가 바로 산후 우울증이야. 이제 인정해." 바늘로 콕 찌르듯 그 말이 가슴속에 박혔습니다. 망치로 머리를 얻어맞은 기분이었죠.

"내 직업이 상담사인데 우울증이라고? 그럴 리가 없어!" 수없이 되뇌었지만 인정하지 않을 수 없었습니다.

저는 문제가 발생하면 꼭 해결해야 한다고 생각하는 사람입니다. 지금 내리는 소나기를 잠시 피하겠다고 도망가면 더 큰 폭우를 맞이할 거라는 걸 알고 있기 때문에 현 상황을 마주하기로 했습니다. 그리고 고민 끝에 개인 분석을 받기로 했습니다. 물론 저의 상담 전문가 수련을 위해서도 필요한 과정이긴 했습니다. 하지만 무엇보다 아이와 잠시 거리를 두고 저 자신에게 집중하는 시간이 꼭 필요했기에 내린 큰 결정이었죠.

저는 별일 아닌 일로 남편한테 화를 냈고, 내 뜻대로 움직여주지 않는 아이가 미웠으며, 엄마로서 또 다른 정체성이 생긴 것인데 나를 잃어버린 것 같은 생각에 괴로웠습니다. 상담을 받는 동안 나를 객관적으로 바라볼 수 있었습니다. '나'는 사라진 게 아니라 아내와 엄마라는 또 다른 정체성을 얻은 것이고, 그걸 받아들이는 작업이 필요했습니다.

홍지혜 작가의 그림책《L 부인과의 인터뷰》의 표지를 보면, 네모난 상자 안에 여자가 앉아 있습니다. 그 여자가 어쩌면 육아휴직을 했던 나의 상태를 보여주는 것 같습니다. 커피 잔을 들고 무슨 생각을 하고 있는 걸까요? 가족이 모두 외출한 후 잠시 휴식을 취하고 있는 걸까요? 잠시 멍하니 아무 생각이 없는 걸까요? 생각이 너무 많아 괴로운 걸까요? 아마 우리 자신의 상황에 따라 다르게 보이겠죠.

꼭 육아 때문은 아니어도, 우리는 자신이 만들어놓은 틀 안에 갇혀서 움직이지 못할 것 같은 상태에 빠질 때가 종종 있습니다.

L 부인은 잘나가는 사냥꾼이었는데, 결혼 후 아이를 낳고 집안일을 하며 지내지요. 끊임없이 이어지는 집안일에 지치기도 하고, 가끔 그동안 살아왔던 숲으로 돌아가고 싶은 유혹에 빠지기도 합니다. 시간이 정지된 것처럼 허무감이 밀려듭니다. 제가 그랬던 것처럼 L 부인도 자신을 잃어버린 상실감을 느낍니다. 하루하루 반복되는 일상 속에서 L 부인은 자신을 찾기 위해 자기만의 시간을 보냅니다. 그리고 드디어 찾은 자신의 진짜 모습. 깨진 거울 뒤로 숨겨진 이야기를 상상해봅니다.

결혼 전, 그리고 아이를 낳기 전 자기 자신을 위해 쉼 없이 달려왔던 삶에 엄마와 아내라는 또 다른 정체성이 얹히니 부담감과 책임감이 따르는 것은 당연한 일입니다. 그 모든 걸 잘 해내고 싶지만, 그러지 못했을 때 좌절감과 상실감이 밀려오는 것도 당연합니다.

시간이 흘러 주위를 둘러보니 '나'만 힘든 게 아니라 저와 비슷한 시간을 보내는 '우리'가 많다는 걸 깨닫습니다. 안개 속을 헤매듯 너무 지치고 힘들 때, 반짝이는 작은 불빛들이 존재한다는 걸 기억하세요. 나 혼자가 아닌 작은 불빛들과 함께 있다는 것을요.

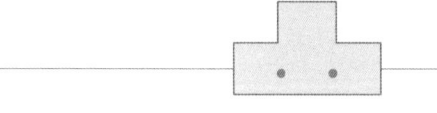

셀프 테라피

Q. 당신은 어떤 상실을 품고 있나요?

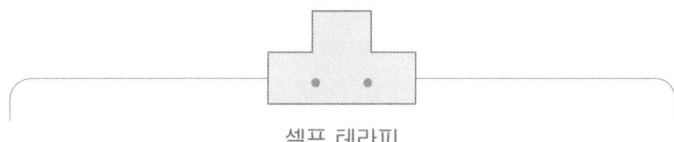

셀프 테라피

Q. 당신은 상실을 어떻게 마주하고 있나요?

'나'만이
할 수 있는 일

4

《오, 미자!》
박숲 글 그림 | 노란상상

> '나다움' 찾기

"나를 동물, 사물, 색깔로 표현해볼까요?"
"당신의 능력, 강점, 약점은 뭐라고 생각하세요?"
여러분도 함께 생각해볼까요? 아이들에게 물어보면 바로 "저요, 저요!" 하면서 대답을 곧잘 합니다. 하지만 어른들에게 질문하면 고개를 갸우뚱하며 당황스러운 표정을 짓습니다. 바로 생각이 떠오르는 분도 있지만, 대부분 한참을 멍하니 고민하다 겨우 끼적거립니다. 그리고 이런 질문은 한 번도 받아본 적이 없다고 덧붙이곤 하죠.
평소 오롯이 자기 자신을 위해 보낸 시간이 있나요? 혹시 타인에게 보여주기 위해서, 또는 타인을 위해서만 시간을 보내지는 않았나요?
박숲 작가의 그림책《오, 미자!》에는 자기 일에 자부심을 갖고 힘든 환경 속에서도 묵묵히 살아가는 5명의 여성 노동자가 있습니다. 5명의 미자는 건물 청소부, 전기 기사, 스턴트우먼, 이사 도우미, 택배 기사로 오늘도 자기 자리에서 부지런히 아침을 맞이합니다.
일터에서 뜻하지 않게 차가운 시선을 받을 때도, 무시하는 말을 들을 때도, 외로움이 몰려올 때도 있지만 자기 능력을 인정받은 후의 달콤함이 있기에 오늘도 삶을 살아냅니다. 그림책《오, 미자!》에는 성별을 떠나 자신의 가치를 발견하고, 자기를 찾아가는 여정이 담겨 있습니다.

삶은 맵고, 쓰고, 시고, 짜고, 달콤합니다. 우리 모두 5명의 미자와 같은 삶을 살고 있습니다.

우리는 모두 미자입니다.

자신에 대해, 자기 능력에 대해 이야기를 잘하는 사람은 사실 그리 많지 않습니다.

"저의 능력이요? 제가 뭘 잘하죠? 잘 모르겠는데요. 저에 대해 생각해볼 기회가 없었어요."

내담자들에게서 자주 듣는 이야기입니다. 능력은 대단한 게 아닙니다. 다른 사람보다 조금 더 잘할 수 있는 것, 즐겁게 할 수 있는 것을 말합니다.

그림책《오, 미자!》는 비록 두렵지만 그래도 내가 잘하는, 내가 잘할 수 있는 일을 하며 보람과 성취감을 느끼는 '나'를 보여줍니다. 내가 주체가 되어 나를 이야기합니다.

작품 속 미자는 이렇게 말합니다.

"산다는 건 맵거나 쓸 때도 있고, 시거나 짤 때도 있습니다. 달콤한 때도 있고요."

누군가에 이끌려가는 게 아니라, 자기 자신이 주체가 되면 어떤 환경에 놓여도 스스로를 지킬 수 있을 것입니다.

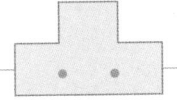

셀프 테라피

Q. 당신의 '미자'를 소개해주세요.

Q. '나'만이 할 수 있는 일은 뭐가 있나요?

물건을 그만 사고 싶어요!

《뽕가맨》
윤지회 글 그림 | 보림

> 쇼핑 중독·심리적 보상

20대 후반의 수영 씨는 회사에서 큰 프로젝트를 맡게 되었습니다. 자신이 그동안 해온 업무를 인정받은 것 같아 기뻤습니다. 그래서 매일 야근하며 프로젝트를 마무리했습니다. 결과는 물론 괜찮았습니다. 그러나 자신에게 돌아온 사람들의 인정이 수영 씨가 생각했던 크기가 아니어서였을까요? 퇴근 후 집에 돌아온 수영 씨는 마음에 구멍이 난 것처럼 허전했습니다.

수영 씨는 점심시간에 혼자 밥을 먹으며 열심히 핸드폰을 보고 있습니다. 며칠 전 구입한 가방이 마음에 들지 않아 검색을 하고 또 합니다. 분명 그 가방을 사고 싶어서 샀고, 가격도 싼 편이 아니어서 다음 달 월급을 많이 아껴야 한다는 걸 알고 있습니다. 수영 씨는 가방을 샀을 때 허전한 마음이 채워지는 기분을 느꼈습니다. 그러나 그것도 잠시, 밀려오는 외로움과 허전함에 다시금 쇼핑에 매달렸습니다.

"며칠 전에 그동안 갖고 싶었던 가방을 드디어 샀는데, 어느새 또 가방 쇼핑을 하고 있더라고요. 그런 제 모습을 보고 깜짝 놀랐어요. 뭐가 문제일까요?"

윤지회 작가가 글을 쓰고 그림도 그린 《뿡가맨》에서, 엄마와 함께 마트에 간 다섯 살 준이는 로봇 장난감 뿡가맨을 만납니다. 준이는 멋지고 번쩍이는 뽕가맨한테 마음을 빼앗깁니다. 그러나 엄마는 그걸 사주지 않습니다. 우리가 사고 싶은 걸 못 샀을 때 머릿속에서 그 물건이 맴돌 듯 준이도 그랬습니다. 다음 날 유치원 소풍을 가는데, 버스에 오르는 순간 뽕가맨이 나타났습니다. 길거리에도, 동물원에도, 놀이공원에도 온통 뽕가맨이 "뽕뽕" 하고 나타났습니다. 참 신기한 일이지요? 소풍을 마치고 유치원 차에서 내리니 엄마가 뽕가맨을 들고 계셨어요. 준이는 온 세상을 다 가진 느낌이었죠.

뽕가맨을 들고 놀이터에 갔더니, 친구들이 새로운 로봇 '왔다맨'을 갖고 놀고 있었어요. 이제 준이의 머릿속엔 온통 왔다맨이 자리를 잡았습니다. 그다음에는 어떤 로봇이 준이의 마음을 사로잡을까요?

《뽕가맨》의 준이와 수영 씨처럼 과하게 쇼핑에 몰입하는 경우, 정서적 문제뿐만 아니라 충동적인 성격으로 진단할 수 있습니다. 또한 가족 간 갈등, 결핍에 따른 어려움 등이 원인으로 작용할 수도 있습니다.

요컨대 쇼핑을 통해 원하는 물건을 얻고, 만족감을 느끼고, 공허한 마음을 보상받으려는 것입니다. 하지만 그건 잠시일 뿐입니다. 새로운 제품이 나오거나 외부 환경(업무와 인간관계에서 오는 정서적 불편감이나 스트레스)에 자극을 받을 경우, 또 다른 물건을 찾게 되니까요. 수영 씨는 업무에서 원하는 만큼 채우지 못한 인정 욕구를 쇼핑을 통해 보상받으려 했던 것입니다.

"채워도, 채워도 채워지지가 않아요. 물건을 사도, 사도 만족스럽지 않아요."

물건을 산다고 마음이 채워지지 않듯 우리는 객관적 시선으로 자신을 마주해야 합니다. 현재 자신의 상태를 말입니다. 예를 들면 수영 씨의 경우 '내가 열심히 일한 만큼 인정을 받고 싶었구나. 더 많은 칭찬이 필요했어. 지금 받는 것만으로도 충분한데'라고 스스로를 인정하는 시간이 필요합니다. 타인이 아닌 자신에게서 받는 인정만큼 벅찬 감정이 또 있을까요?

물건으로 자신을 포장하는 대신 내면의 목소리로 자신을 채우길 바랍니다. 그 목소리는 진짜일 테니까요.

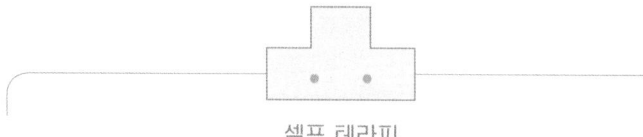

셀프 테라피

Q. 최근 가장 반복적으로 관심이 가는 물건이나 구입한 물건이 있나요?

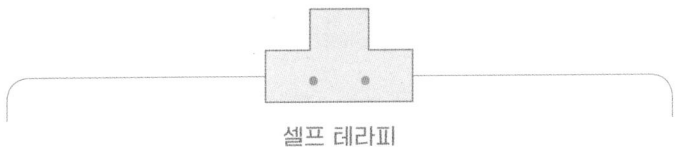

셀프 테라피

Q. 물건을 통해 당신은 무엇을 채우고 싶은가요?

숨은 나의 능력을 찾아 떠나는 여행

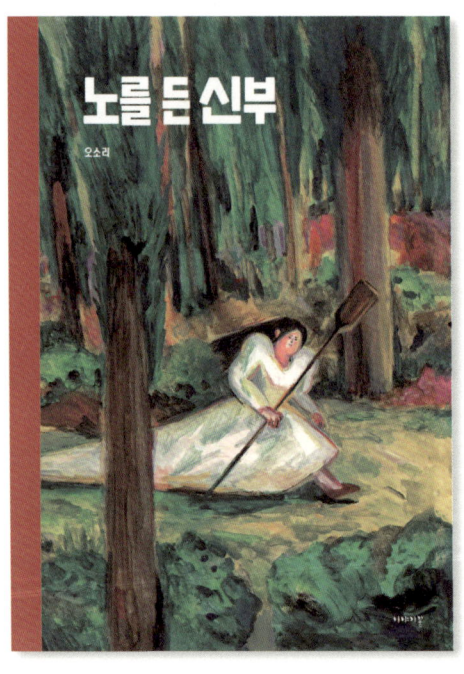

《노를 든 신부》
오소리 글·그림 | 이야기꽃

(내 안의 가능성)

프랑스의 심리학자 모드 르안(Maud Lehanne)은 《파리의 심리학 카페》에서 내적 동기란 자신이 가지고 있는 흥미, 호기심, 도전 의식, 자기만족감 등에서 비롯되는데, 자기가 좋아서 하는 일들은 이런 내적 동기에 의한 활동이라고 말합니다. 이러한 활동은 결과에 상관없이 그 자체로 즐거움과 만족감을 주기 때문에 오래 지속할 가능성이 훨씬 크고, 수행자가 자발적으로 시작하기 때문에 어려운 과제에도 두려움 없이 도전한다고 합니다.

그렇다면 우리의 내적 동기를 잘 탐색해서 숨어 있는 나의 능력을 찾아 떠나는 여행을 함께 해볼까요?

어릴 적 텔레비전 사극에서 장수들이 "나를 따르라!" 하는 장면을 자주 봤는데, 오소리 작가의 그림책 《노를 든 신부》 표지를 보면 왠지 그런 장면이 연상됩니다. 굳게 다문 입술과 웃지 않는 눈이 진지해 저도 노를 들고 그 어떤 두려움도 없이 그 뒤를 따라가고 싶습니다.

노를 든 신부의 시선과 발끝을 따라가봅니다. 용기로 충만한 듯 어깨가 봉긋하게 솟은 하얀 드레스를 입은 신부는 그동안 키워준 부모님 품을 떠나 독립하기 위해 바닷가로 나갑니다. 그러나 얼굴이 못생겼다는 이유로 남자들에게 선택받지 못하죠. 등을 돌리는 사람들의 시선이 차가운 바닷물보다 더 시렸을 겁니다. 그리고 울퉁불퉁한 산길은 장차 펼쳐질 신부의 험난한 앞날을 이야기하는 것만 같습니다.

'신부'가 되는 것을 포기한 신부는 노를 들고 하얀 드레스를 입은 채 길을 떠납니다. 그러다 다른 신부들을 가득 태운 채 유혹하듯 손짓하는, 번쩍번쩍 호화로운 큰 배를 만납니다. 내적 갈등을 일으키기에 충분한 상황이지만, 이번엔 신부가 등을 돌립니다.

초록색으로 가득한 숲길, 신부는 노를 든 채 '스스로' 나아갑니다. 때론 아프기도 하고 상처를 받기도 하지만, 용기를 내서 마침내 제대로 된 자신의 '능력'을 만납니다.

자신의 능력이 무엇이냐는 질문에 바로 대답하는 이들은 흔치 않습니다. 제가 만나는 친구들도 오랜 시간 골똘히 고민합니다. 그런데 다른 표현으로 "당신이 다른 사람보다 조금이라도 잘할 수 있는 게 뭐가 있을까요?"라고 물으면 그때서야 대답합니다. 줄넘기, 축구, 경청하기, 정리하기, 운동 등등을 잘한다고 말입니다.

능력의 기준은 대단한 게 아닙니다. 다른 사람들한테 우연히 들은 피드백, 자신이 몰랐던 의외성도 능력이라고 할 수 있습니다. 사람들은 대부분 다른 이에게 들은 칭찬을 자신의 것으로 오롯이 받아들이지 못하고 그저 기분 좋아지라고 한 말이려니 생각합니다.

자기 자신을 귀하게 여기는지, 아니면 하찮은 존재로 생각하는지가 중요하듯 타인이 나를 어떻게 보는지도 중요합니다. 내가 미처 몰랐던 능력을 타인이 찾아줄 수도 있습니다.

그 능력을 스스로 인정하고 수용하면 자신의 가치가 올라가고, 타인에게도 주체적인 사람으로 보이는 효과가 있습니다. 우리는 그 능력을 고이고이 모셔놓을 게 아니라 내 것으로 만들어 빛날 수 있도록 갈고닦는 게 중요합니다.

그림책 《노를 든 신부》의 신부는 우연히 만난 사냥꾼 덕분에 배를 젓는 노로 사람을 구하고, 사과를 따고, 곰과 싸우며 자신의 능력을 찾기까지 많은 시행착오를 겪습니다. 그리고 마침내 자신이 주체가 되어 숨어 있는 자신의 능력을 찾습니다. 이처럼 우리에게도 자신의 숨은 능력을 찾을 가능성이 있다는 사실을 잊어서는 안 되겠습니다.

당신의 노는 무엇입니까?

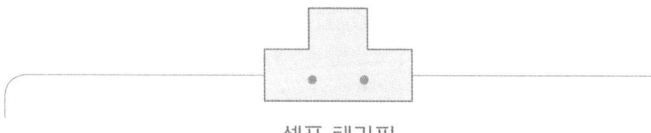

셀프 테라피

Q. 당신의 능력은 무엇입니까?
(능력은 대단한 것이 아니라 자신이 타인보다
좀 더 잘하는 것, 좋아하는 것이기도 합니다.)

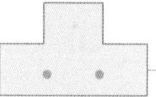

셀프 테라피

Q. 최근에 누군가에게 이끌려 한 게 아니라 자신이 주체적으로 한 일은 무엇인가요? 그것을 통해 무엇을 느꼈나요?

당신은 어떤 모양의 대추인가요?

《대추 한 알》
장석주 글 | 유리 그림 | 이야기꽃

> 내면의 힘

"나는 어떤 모양의 대추인가요?"

제가 발달 장애 자녀를 둔 학부모를 대상으로 그림책테라피 집단 상담을 진행할 때 던졌던 질문입니다.

이제 막 익기 시작한 작은 대추, 서서히 빨갛게 영글고 있는 대추, 반은 녹색 반은 빨갛게 영글고 있는 대추, 다 익어서 떨어진 대추, 알이 큰 대추 등등 모두가 자신들의 현재 상황에 비추어 많은 이야기를 해주셨습니다. 그런데 참여자 한 분이 희미하게 웃으며 이렇게 말했습니다.

"저는 너무 힘들어서 다 타버리고 없어요. 다시 태어나고 싶어요. 그러면 정말 잘할 수 있을 것 같아요."

우리가 그분의 마음을 온전히 이해한다고 감히 말할 수는 없지만, 함께했던 분들은 아무 말 없이 공감한다는 의미로 다들 고개를 끄덕였습니다. 그분은 발달 장애 자녀를 바라보며 매일 "우리 아이는 다른 아이와 다르지 않다"는 주문을 외운다고 합니다. 하지만 때론 지치고 힘이 들겠죠. 그럴 땐 다른 아이보다 느리고 영리하지 못한 아이가 원망스럽고, 그 모든 게 자기 탓인 것 같아 자신에게 화살을 돌리기도 합니다.

완벽하고 완전한 사람은 어떤 사람일까요? 과연 그런 사람이 존재하기나 할까요? 자세히 들여다보면 이 또한 자신이 세운 기준입니다. 우리는 우리가 지금 이 상태로도 충분히 괜찮은 존재라는 것을 반드시 기억해야 합니다. 또한 아이도, 부모도 각자의 속도대로 잘 해내고 있다는 것을 반드시 기억해야 합니다.

자연과 사람에 관한 모든 일은 묵히고, 시간이 흐르고, 힘을 빼야 자연스러워집니다. 나 혼자만의 힘으로 되는 일은 없습니다.

작가 장석주가 글을 쓰고 유리가 그림을 그린 《대추 한 알》에서는 대추 한 알을 얻기 위해 자연과 사람의 땀과 노동이 함께합니다. 사람의 땀과 노동은 그 어떤 궂은 날씨에도 열심히 정성을 들이는 모습이고, 자연의 땀과 노동은 바람·비·태풍·천둥·벼락·강렬한 햇빛입니다. 자연의 땀과 노동이 상처를 내고 곪게 만드는 걸림돌이 될 수도 있지만, 이런 고난의 시간이 지나야 탱글탱글한 대추를 얻을 수 있습니다.

내 앞에 걸림돌이 많다고 멈춰야 할까요?

삶을 내려놓아야 할까요?

대추나무가 모든 걸 견디듯 우리 또한 수많은 걸림돌을 견디며 살아갑니다.

그리고 다시 일어설 것입니다.

다시 일어나 탱글탱글한 열매를 맺을 것입니다.

대추나무가 크고 단단한 대추 한 알을 얻기 위해 자신을 스스로 보호하며 견뎠듯, 우리도 마음의 근육을 단련해 스스로 자신을 보호할 수 있습니다.

자기 인생에 긍정적 의미를 갖게끔 하는 것이 목적인 '의미치료(logotherapy)'에서는 삶의 의미를 만드는 게 아니라 발견하는 것이라고 말합니다. 이미 내 안에 삶의 의미가 존재한다는 뜻입니다. 그러니 내 안의 가능성과 내 안의 힘을 발견하도록 노력해야 합니다.

우리 내면에는 우리만의 힘이 있다는 것을 꼭 기억하세요.

셀프 테라피

Q. 나는 어떤 모양의 대추인가요?

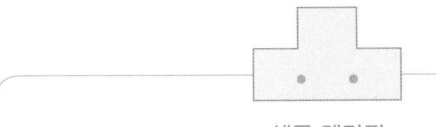

셀프 테라피

**Q. 현재 내 앞을 가로막는 걸림돌이 있나요?
그 걸림돌로 인해 얻는 긍정적인 것과 부정적인 것은 무엇인가요?**
(걸림돌이 부정적인 면만 있는 것은 아닙니다.
분명 긍정적인 부분도 있습니다.)

채우고 싶은
마음 주머니

《아나톨의 작은 냄비》
이자벨 카리에 글·그림 | 권지현 역 | 씨드북

(결핍 수용)

결핍 [명사]   1. 있어야 할 것이 없어지거나 모자람.
             2. 다 써 없어짐.
             (국립국어원 표준국어대사전)

'결핍' 하면 무엇이 떠오르나요? 정답은 없습니다. 각자 떠오르는 것을 적어볼까요?

1. 불편함
2. 정서적 허기
3. 공허감
4. 무기력
5. 소외감
6. 자존감
7. 나다움

"선생님, 실수해도 괜찮은 거죠? 다음에 잘하면 되는 거죠? 그런데 제가 너무 한심해요."

우리는 완전하지도, 완벽하지도 않은 존재입니다. 그래서 우리는 서로서로 부족한 부분을 채우기 위해 존재한다고도 할 수 있습니다. 위로가 필요한 친구에게 따뜻하게 어깨를 두드려주고, 손을 잡아주는 식으로 말입니다.

이자벨 카리에의 그림책 《아나톨의 작은 냄비》의 주인공 아나톨은 어느 날 머리 위로 떨어진 작은 냄비를 달그락달그락 끌고 다닙니다. 그 냄비 때문에 사람들이 이상하게 쳐다보기도 하고, 무서워하기도 합니다. 심지어 개가 물기도 해요. 불편한 일이 한두 가지가 아닙니다.

아나톨은 상냥하고, 그림 잘 그리고, 음악을 사랑하는 등 잘하는 게 아주 많은 아이입니다. 하지만 자기 뜻대로 되지 않으면 화를 내고 소리를 지릅니다. 다른 아이들과 발을 맞추기 위해 두 배 세 배 노력하고 있는데, 생각보다 잘되지 않습니다. 때론 친구들을 때리기도 하고, 나쁜 말도 하시요. 아나톨은 사랑과 관심이 필요한 아이입니다.

만약 여러분에게 떼어내고 싶지만 벗어날 수 없는 약점, 가치관, 정서적 결핍, 장애 같은 작은 냄비가 생긴다면 어떻게 하시겠어요?

아나톨은 냄비를 없애고 싶습니다. 하지만 아무리 애를 써도 냄비는 없어지지 않아요. 그래서 냄비를 쓴 채 숨어버리기로 합니다. 아무도 아나톨에게 말을 걸지 않고, 사람들의 머릿속에서 아나톨은 점점 사라집니다.

우리는 꼭 부모가 아니어도 나를 믿어주는 한 사람만 있어도 살아갈 수 있다고 말하지요. 아나톨에게도 소중한 사람이 나타납니다. 아나톨이 냄비를 버리지 않고 잘 가지고 다닐 수 있도록 걸림돌을 피하는 방법을 알려준 사람이에요. 그리고 아나톨이 무엇을 잘하는지 가르쳐주지요. 아나톨이 자기 마음을 표현할 수 있도록 도와주고, 괜찮은 아이라는 사실을 알려주고, 냄비를 넣을 수 있는 주머니를 만들어주기도 하죠. 아나톨이 자기 자신을 수용할 수 있도록 믿고 기다려주는 사람이었어요.

누구나 부족해서 채우고 싶은 부분이 있죠. 나의 약점이라고 볼 수 있겠지요. 그것들을 없애고 지우려 하기보다 자세히 들여다보며 보완해서 강점으로 전환하는 작업이 필요합니다. 혼자 하기 어렵다면 주위를 둘러보세요. 분명 당신을 바라보는 누군가가 옆에 있을 거예요.

여러분도 자신을 닮은 냄비를 떠올려보세요. 나의 냄비 크기는 어떤지, 모양은 어떤지 잘 살펴보셨나요? 나를 닮은 냄비 안에 나의 부족한 것들을 넣어 마주해보셨나요? 보고 싶지 않은 나의 모습, 나의 약점 등등. 그리고 좋은 것들로 냄비를 다시 채웠을 때 기분이 좋아졌나요? 나의 강점과 약점 모두 '나'라는 사실을 모두 알고 계시겠죠?

우리는 온전히 나를 수용해야 타인과 소통하며 살아갈 수 있습니다.

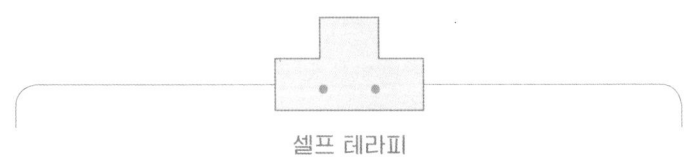

셀프 테라피

Q. 나를 닮은 냄비를 그려보세요.
자유롭게 색연필(사인펜)로 꾸며주세요.

셀프 테라피

당신의 속도는
어떠한가요?

《달리기》
나혜 글·그림 | 이야기꽃

〔 인생 속도 〕

당신은 지금 달리고 있나요?
당신은 지금 멈춰 있나요?
당신은 지금 걷고 있나요?

어떤 속도로….

우리는 새해를 맞이하면서 새롭게 계획을 세웁니다. 그리고 작년에 하지 못했던 일을 다시 리스트에 올리고 '올해에는 꼭 해야지' 하고 결심합니다. 그리고 욕심을 부리며 새로운 일을 추가하기도 합니다. 할 수 있을 거라는 확신에 차서 다이어리에 빨간 펜과 스티커로 포인트를 주며 예쁘게 꾸미기도 하지요.
그리고 자신만의 출발 신호와 함께 달리기 시작합니다. 한편으론 '잘할 수 있을까' 하는 불안한 마음도 서서히 듭니다. 보이지 않는 불안을 풍선처럼 부풀려놓고는 걱정할 때도 있습니다. 그러곤 그 불안을 실제로 마주했을 때 생각보다 크지 않다는 걸 알고 "휴, 다행이네" 하며 안심하기도 합니다. 그때의 내면을 들여다보면 분명 잘할 수 있는 일인데도 자신에 대한 신뢰가 부족했다는 걸 깨달을 때도 있습니다.
'지금-여기'에 있는 나를 점검해보세요.

우리는 늘 쉼 없이 달립니다. 그리고 현재도 달리고 있습니다. 누군가는 좀 여유로워도 된다고 이야기하지만, 여전히 달려야 할 것만 같습니다. 쉼이 필요할 때도 잰걸음을 하며 멈추지 못합니다.

나혜 작가의 그림책 《달리기》에서는 거침없이, 두려움 없이 '함께' 달립니다.

"달려~!"

장면 장면마다 바람이 느껴지는데, 여러분도 그런가요? 장애물이 나타나면 잠깐 멈칫하지만 다시 거침없이 달려갑니다. 열심히 달리다 보면 나를 삼킬 것 같은 바다나 강물, 나보다 더 높은 벽, 입을 벌리고 있는 악어 때문에 온몸이 굳어버릴 수도 있습니다. 하지만 누군가가 먼저 발을 떼어 문을 열어줍니다. 그 뒤를 따라 함께 달려가면 두려움이 반으로 줄어듭니다. 사람들은 춤을 추듯 악어 입안으로 편안하게 들어가고, 다시 또 달립니다. 자유로움과 즐거움이 느껴집니다.

결승선에 도착했을 때도 나 혼자 1등이 아니라 모두가 함께 1등!

함께 했기 때문에 우리 모두 1등입니다.

경쟁이 아닌 즐거움과 연대감을 갖고 달리면 장애물조차 걸림돌이 아닌 흥미로운 구조물이라는 생각이 들 겁니다. 누군가를 이기고 좌절시켜야 내가 인정받는 게 아닙니다. 함께 가는 것이 서로를 위하는 길입니다. 내가 넘어졌을 때 옆에서 일으켜주고 손잡아주는 동료가 있다는 뜻이니까요.

결승선에 도착했을 때 다시 선택해야 한다면 당신은 어떻게 하겠습니까?

당신은 달릴 것인가요?

당신은 멈출 것인가요?

당신은 걸을 것인가요?

누군가는 결승선이 없다고 생각하며 지금까지 해온 것처럼 계속 걸어갈 겁니다. 그리고 누군가는 열심히 달려온 자신에게 보상을 주며 다음을 위해 성찰할 시간을 가질 수도 있습니다. 또 누군가는 멈추어서 충분히 쉬며 휴식을 즐길 수도 있겠지요.

우리에겐 각자의 속도가 있고, 그 속도대로 잘 달려가는 게 중요합니다.

셀프 테라피

Q. 당신은 장애물(벽, 강물 등)이 나왔을 때 어떻게 대응할 건가요?

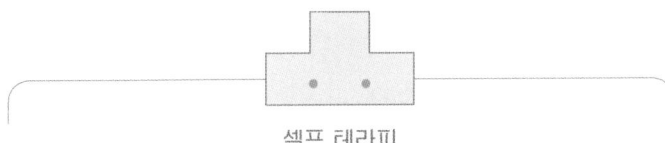

셀프 테라피

Q. 결승선에서 다시 선택할 수 있다면 다시 달릴 건가요?
아니면 멈출 건가요? 그것도 아니면 걸을 건가요?

당신은 링 위에서
무얼 하고 있나요?

10

《가드를 올리고》
고정순 글·그림 | 만만한책방

나의 두려움 마주하기

반복되는 일상에 지쳐 괜찮지 않은 시간을 보내고 있는데도 그것조차 인식을 못 하고 뛰어다니는 누군가가 있습니다. 전쟁터 같은 직장에서 정신없이 일하다 보면 시간이 얼마나 흘렀는지도 모른 채 일과가 끝날 때도 있습니다. 문득 정신을 차리고 보면 퇴근할 시간입니다.

고정순 작가의 그림책 《가드를 올리고》 표지는 링 위에서 빨간 장갑을 끼고 가드를 올리고 있는 그림인데, 이걸 보며 떠오른 질문이 있습니다.

"당신은 링 안에 있나요, 밖에 있나요? 그리고 무엇을 하고 있나요?"

누군가는 링 한가운데서 아주 치열하게 싸우고 있겠죠. 한참을 맞다가 쓰러지고 다시 일어서길 반복하면서 말입니다. 그리고 누군가는 링 밖에서 팔짱을 낀 채 경기를 바라보며 한 선수를 응원하고 있을 수도 있겠죠. 또 누군가는 경기를 치르고 링 밖으로 나와 땀을 닦으며 물을 마시고 있을 수도 있을 거예요.

링을 우리 삶의 여정 중 '직장 생활'로 본다면 경주마처럼 열심히 달려야 하는 신입 사원은 링 한가운데에서 치열하게 싸우는 중이겠고, 경력이 어느 정도 되어 업무에 익숙해진 분들은 땀을 닦으며 잠시 쉬고 있을 수도 있겠죠. 또 은퇴를 앞뒀거나 여유가 있는 분들은 링 밖에서 경기를 관람하고 있을 수도 있을 거예요.

지금 나는 어디쯤에 있을까요?

그림책 《가드를 올리고》의 표지는 굵은 검은색 선이 볼록하게 만져지는데, 옹골진 의지랄까, '절대 쓰러지지 않겠어. 쓰러져도 일어나야지'라는 굳은 결심이 느껴집니다. 굵은 목탄으로 그린 그림체와 권투 선수의 모습을 산 정상에 올라 바람을 기다리는 모습에 비유해 더 간절함이 느껴집니다.

빨간 주먹과 검은 주먹의 권투 경기가 한창 진행 중입니다. 그러다 빨간 주먹이 길을 잃은 듯 "여기가 어디지?" 하고 말합니다. 몸을 가누지 못해 비틀거리는 권투 선수처럼 우리도 치열하게 달리고 또 달리다 넘어져 문득 자신이 무얼 하고 있는지, 어디로 가고 있는지 모를 때가 있습니다. 이른바 번아웃을 경험합니다. 힘든 일은 왜 나에게만 일어나는지, 왜 고통은 가시지 않는지, 고통의 주기는 왜 이리 빠른지 원망할 때도 있습니다.

가드를 올리고 열심히 싸울 때 생각하지 못했던 바람을 만납니다. 볼에 흐르는 눈물과 함께 통쾌한 바람이 붑니다. 얼굴과 마음에 파인 상처가 바람에 어디론가 날아갈 것 같습니다. 눈을 감고 얼굴을 스치는 포근한 바람을 느껴봅니다.

끝이 보이지 않을 것 같은 고통이라도 우리는 그 안에서 또 치열하게 가드를 올리며 자신과 싸우고 있겠지요.

그리고 다짐합니다.

'내 안의 나'를 채우며 한 걸음 한 걸음 힘차게 나아가자고 말입니다.

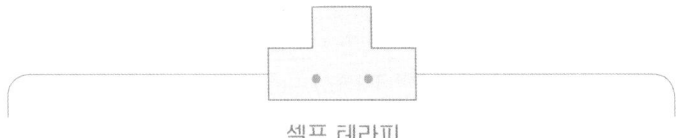

셀프 테라피

Q. 당신은 링 안에 있나요, 밖에 있나요?

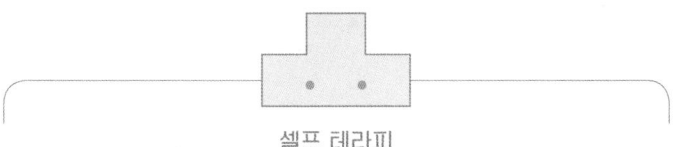

셀프 테라피

Q. '지금-여기'에 있는 나의 두려움은 무엇인가요?
두려움을 어떻게 마주하고 있나요?

3

성장의 방

마음의 근육이 차곡차곡

'성장의 방'에서는 내면이 좀 더 단단해진 나를 마주할 것입니다.
가슴에 손을 대고 마음을 쓰담쓰담해 주세요.
따뜻해지는 게 느껴지나요?
화가 나고 질투하는 마음, 괴로운 마음, 답답한 마음의 근육들이
조금씩 풀릴 것입니다.

'지금-여기'에 펼쳐진 우주

1

《키오스크》
아네테 멜레세 글 그림 | 김서정 역 | 미래아이

> 꿈을 찾아서

여러분은 꿈을 꾸고 있나요? 제가 20대 때에는 일을 하고 있으면서도 늘 다른 무언가를 추구했습니다. 그렇게 제대로 쉬지도 못하고 달려가는 저 자신을 보면서 '현재가 만족스럽지 못한가? 나는 자존감이 낮은 사람인가?' 하는 생각이 들었습니다. 스스로도 저를 이해하지 못한 것입니다. 하지만 그럴 때마다 조금씩 더 나은 환경에서, 하고 싶은 일을 찾아 성장하고 있는 저를 발견했습니다. 꿈을 꾸고 노력하면 제가 원하는 곳에 닿을 수 있다는 것도 깨달았습니다.

'키오스크' 하면 여러분은 무엇이 떠오르나요? 요즘은 식당이나 카페에서 주문할 때 흔히 볼 수 있는 무인 단말기를 가리키지만, 원래는 이슬람 건축에서 '원형 정자'를 일컫는 말로 길거리의 간이 판매대나 소형 매점을 뜻한다고 합니다.

아네테 멜레세 작가의 그림책 《키오스크》에서 올가는 키오스크라는 좁은 공간에서 하루 종일 신문, 잡지, 음료수, 복권 등을 팔고 있습니다. 매일 반복되는 일상이지만 올가는 자신의 환경을 원망하거나 불평하지 않고 충실하게 살아갑니다. 우리의 일상과 닮은 모습이에요.

키오스크는 좁지만 올가의 손때 묻은 물건이 있고, 다리를 살짝 올려놓으면 몸도 눕힐 수 있는 공간입니다. 마치 꽉 끼는 갑옷 같지만 올가에게는 따뜻한 안식처입니다. 현실적으로는 삶의 공간이기도 하고, 올가만의 우주이기도 하지요. 그렇다고 올가가 불행해 보이지는 않습니다.

올가는 열심히 일하고 하루하루를 마무리합니다. 그리고 가끔 현실에서 벗어나고 싶을 때는 여행 잡지를 보고, 석양이 지는 바다를 보는 꿈을 꿉니다. 잠시 행복한 미소를 짓게 만드는 원동력이지요.

그러던 어느 날 올가의 세상이 뒤집히면서 꿈을 실현할 기회가 찾아옵니다. 갑작스러운 사고로 올가가 키오스크와 함께 뒤집힌 거예요. 그때 올가는 자기 스스로 키오스크를 움직일 수 있다는 걸 깨닫죠. 신기한 기분으로 올가는 산책길에 나섭니다. 그러다 강물에 떠밀려 처음 가보는 곳에 도착하고, 거기서 황홀한 노을을 만납니다. 올가는 자신만의 꿈을 꾸며, 자신만의 시간을 잘 보냈기에 그렇게 꿈을 이룬 것 아닐까요.

여러분의 키오스크는 무엇인가요?

직장인은 자신의 일터, 학생은 학교, 전업주부는 집 등 각자의 생활환경이 키오스크일 수 있습니다. 또는 자신만의 신념, 가치관, 고정관념, 가족, 대인 관계가 키오스크일 수도 있습니다. 당신에게 키오스크는 어떤 의미인가요?

우리 앞에 놓인 현실, 즉 키오스크는 비록 좁고 허름할 수 있지만 그렇다고 두 손 놓고 좌절할 필요는 없습니다. 지금 내게 주어진 환경 안에서 '어떻게 하면 잘 살 수 있을까?'를 고민하는 것이 더 빠른 선택일 수 있습니다.

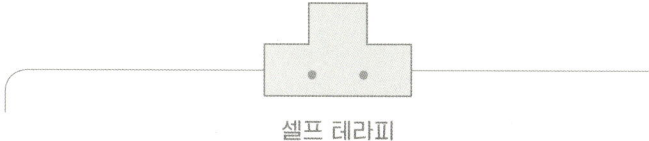

셀프 테라피

Q. 나의 키오스크는 무엇인가요?

Q. 내 키오스크(세상)가 뒤집힌 적이 있나요?
그때 난 어떻게 대처했나요?

비를 맞으면 좀 어때!

2

《빗방울이 후두둑》
전미화 글·그림 | 사계절

> 위기 상황에서의 대처 능력

여러분이 사용하는 우산의 크기는 어떤가요?

얼마 전 저는 아이의 우산을 사면서 한참을 고민했습니다. 가격, 디자인, 크기를 염두에 두고 쇼핑하는데 세 가지 모두를 만족시키는 걸 고르려니 머리가 아팠습니다. 특히 연령에 따라 우산의 지름이 달랐습니다. 당연하겠지요.

비에 맞지 않으려면 자기 몸에 맞는 크기의 우산을 선택해야 합니다.

외출 중에 갑자기 소나기를 만나 자기 몸에 맞지 않은 우산을 써야 할 때가 있습니다. 손에 들고 있는 가방으로 머리만 가린다든지, 그것마저 없다면 손바닥으로 머리를 가린 채 뜀박질을 하기도 합니다.

비 올 때 적당한 방법을 찾아 대처하는 것처럼 우리는 불편한 상황이 닥쳤을 때 본능적으로 자신을 보호합니다. 그런데 가끔 비를 맞는 건 어떨까요? 한 방울이라도 맞지 않겠다며 버둥거리지 말고, 예외 상황에 나를 놓아두면 어떨까요?

학창 시절, 자율 학습을 빼먹고 좋아하는 가수의 음반을 사러 갔다가 소나기를 만난 적이 있습니다. 그때 "에라 모르겠다. 달려가자!" 하며 친구들과 함께 비를 흠뻑 맞았던 기억이 떠오릅니다. 그때 고3의 모든 시름과 걱정이 씻겨 내려가는 기분이었습니다.

전미화의 그림책 《빗방울이 후두둑》에서도 우산이 등장합니다. 갑자기 바람이 불고, 다들 잔뜩 긴장한 얼굴을 하고 있습니다. '나'는 뿌듯한 얼굴로 우산을 폈지만, 우산이 그만 뒤집히고 맙니다.

안 좋은 일은 한꺼번에 찾아온다는 말이 있지요. 설상가상. 길을 가다 넘어지고, 우산대가 부러지고, 먹구름이 몰려오고, 물 폭탄이 쏟아지기 시작합니다.

모두 비를 피해 전력 질주를 하고 '나'도 달리기 시작합니다. 그러다 발을 헛디뎌 엎어지고 맙니다. 아! 우리 모두 이런 경험이 있지 않나요? 창피해서 얼굴이 빨개집니다. 이럴 때는 어떻게 해야 할까요?

주인공은 남을 의식하지 않고 "에라 모르겠다!" 하며 천천히 걸어갑니다. '나'를 내려놓으니 마음이 편해집니다. 하늘을 향해 뒤집힌 작은 우산을 쓰고 여유 있는 걸음걸이와 미소까지 지으며 자기만의 속도로 걸어갑니다.

삶을 살아가다 보면 갑자기 쏟아지는 일 폭탄, 마음에 상처를 주는 말 폭탄 같은 것을 마주할 때가 있습니다. 그럴 때 마음에 공간이 없다면 아무런 준비도 없이 온몸으로 그 폭탄을 흡수하고 주저앉게 됩니다. 하지만 그래도 살아가야 하니 힘겹게 일어나 한 발 한 발 걸어가야 합니다.

'지금-여기'에서 내리는 비는 현재 우리의 스트레스 상황이 될 수 있습니다. 그러니 몸과 마음의 신호를 인식하고, 내 상태가 어떤지 잠시 멈추어 살펴보세요. 자신을 수용하고 나아가길 바랍니다.

  나 자신을 모두 내려놓아야 진정한 '나다움'을 찾을 수 있습니다.

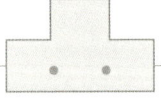

셀프 테라피

Q. 내 삶에 비바람이 불어올 때 우산의 크기는 어떠한가요?
그것의 의미는 무엇일까요?

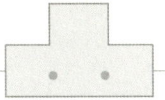

셀프 테라피

Q. '지금-여기'에서 내리는 비는 당신에게 어떤 것인가요?
"에라 모르겠다! 천천히 걸어가자."
이렇게 자기 자신을 내려놨던 경험이 있나요?

오늘도 치열하게
살아가는 우리에게

3

《매미》
숀 탠 글·그림 | 김경연 역 | 풀빛

> 차별과 괴롭힘

"이 작가님… 제 일기를 써놓은 거 같아요."

그는 눈물이 흐르는 것도 모른 채 한참을 침묵하며 한 장면을 바라보고 있습니다. 매미가 사람들에게 짓밟히는 모습입니다. 고등학교를 졸업하고 취직한 회사에서 대인 관계에 어려움을 겪은 그는 자신의 의견보다 다른 사람의 의견을 따르며 불편한 상황을 만들지 않으려 애썼다고 합니다. 지금 그의 마음속에는 어떤 일이 일어나고 있고, 그동안 어떤 경험을 했던 걸까요?

괜찮다고 생각하며 흘려보낸 날들이 그에게 마치 한 장의 사진처럼 마음속에 가라앉아 있다가 떠올랐던 모양입니다.

숀 탠 작가의 그림책 《매미》에는 인간에게 차별 대우를 받으며 열심히 일하는 매미가 있습니다. 매미는 회사 화장실을 쓰면 안 되고, 늘 늦게까지 남아서 일을 합니다. 사무실 벽 틈에서 살아가며 하루하루를 버티고 있습니다.

약자와 강자 사이의 불편한 기류가 어색하게 다가옵니다. 우리는 때로는 강자가, 때로는 약자가 되기도 합니다. 당신은 강자인가요, 약자인가요?

수많은 책상 사이에 매미가 혼자 있는 장면에서 한참 동안 머물러봅니다. 혼자 있는 시간이 필요한 누군가에게는 잠시라도 방해받지 않는 그 장면이 편안하게 다가올 테고, 사람들에게 둘러싸여 있는 게 편안한 누군가에게는 외로운 장면일 것 같네요. 여러분에겐 어떻게 다가오나요?

어느 날 17년 동안 일한 매미가 인간 세상에서 은퇴하고, 자신의 세상으로 날아갈 때는 참 시원했습니다. 마치 '이제 나를 보여줄 때다'라고 말하는 것 같습니다.

장면마다 나오는 "톡톡톡"은 허물이, 가면이 조금씩 벗겨지는 소리 같다고 할까요? 누군가는 키보드 소리 같다고도 말합니다.

자신의 세상으로 가서 인간의 무지와 이기심을 비웃는 멋진 매미. 통쾌함, 상쾌함, 자유가 느껴집니다. 그들의 세상에서 매미는 너 이상 약자가 아닙니다.

우리는 치열한 삶 속에서 때론 매미가 되기도 하고, 인간이 되기도 합니다. 나의 진짜 모습을 숨긴 채 남을 흉내 내며 살기도 하고, 불편한 환경을 묵묵히 받아들이며 살기도 합니다.

그럼에도 나다움을 잃지 말고 '나의 세상, 나의 자리'를 만들어나가길 바랍니다.

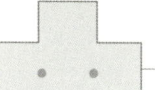

셀프 테라피

Q. 정서적으로 고립된 경험이 있나요?
그때 당신은 어떤 상태였나요?

Q. 오늘도 애쓰며 살아가는 나에게, 소중한 사람에게
건네고 싶은 따뜻한 말이 있다면?

천천히 가도
괜찮아!

《힐드리드 할머니와 밤》
첼리 두란 라이언 글 | 아놀드 로벨 그림 | 정대련 역 | 시공주니어

> 고군분투하면 어때!

"다른 사람들은 빨리 가고 있는데, 저는 왜 제자리인 것만 같을까요? 늘 고군분투하는 것 같아요."

소원 씨는 어릴 적부터 '고군분투'라는 단어가 부정적으로 들렸다고 합니다. 다른 사람들처럼 바로바로 결과가 나오지 않고, 노력한 만큼 눈에 띄게 좋아지지 않는 자신을 탓했다고 합니다.

소원 씨와 함께 검색 엔진에서 '고군분투'를 찾아보았습니다. '남의 도움을 받지 않고 힘에 벅찬 일을 잘 해나가는 것을 비유적으로 이르는 말.' 고군분투에는 이렇게 의미심장한 의미가 담겨 있습니다. 정확한 뜻을 몰랐을 때는 창피하기도 하고, '왜 나는 똑똑하지 못할까' 생각했겠죠. 소원 씨는 고등학교 때 오랫동안 의자에 앉아 있지만 성적은 그만큼 나오지 않는 학생이었다고 합니다.

고군분투를 할지라도 삶을 되돌아보면 느리지만 하고 싶은 일을 찾아 하는 내가 있고, 그런 나는 조금이라도 성장하고 있을 거라 생각합니다.

'지금-여기'에 있는 당신의 모습을 살펴봐주세요.

아놀드 로벨과 첼리 두란 라이언의 그림책 《힐드리드 할머니와 밤》에 나오는 할머니는 꽤 답답한 사람입니다. 그래서 어떤 사람들은 세상 답답하고 불편한 그림책이라고 말하기도 합니다.

하지만 저는 할머니가 자신이 싫어하는 밤을 쫓기 위해 자신만의 방법으로 고군분투하는 모습이 귀엽고 사랑스럽습니다. 밤을 몰아내기 위해 빗자루로 쓸고, 북북 문지르고, 박박 비비고, 탁탁 털어내기도 합니다. 그래도 안 되자 삼베 자루에 말아 넣기도 하고, 꽉꽉 채워보고, 끙끙 밀어 넣어도 봅니다. 하지만 어림없습니다. 마지막에는 아이를 달래듯 자장가를 불러주고 우유도 줍니다. 그러다 결국 화가 나서 "퉤~" 하고 침까지 뱉습니다. 아… 이 할머니, 너무 귀엽지 않나요?

쉽게 포기할 만도 한데 오기가 생겨 해보는 데까지 해봅니다. 거기엔 무언가를 시작했을 때 끝까지 최선을 다하는 우리의 모습이 있습니다. 시간이 오래 걸려도 끙끙거리며 혼자서 요리조리 해보는 우리의 모습이 있습니다.

밤이 싫으면 깨어 있을 게 아니라 빨리 잠을 자버리면 그만인데, 할머니의 귀여운 행동이 여러 가지 생각을 하게 합니다. 우직하게 자기 길을 가는 고집이 보이기도 하고, 어리석게 보이기도 합니다.

우리의 인생이 쭉 뻗은 곧은길이라면 좀 더 이른 나이에 원하는 걸 이뤄낼 수 있겠지만, 삶은 많은 선택과 결정을 해야 합니다. 구불구불한 인생에서 수많은 다리를 건널 때도 있지요. 그 선택과 결정 또한 초라한 현실일 수 있습니다. 그런 현실에서 벗어나기 위해 또 다른 무언가를 또 선택하고 결정합니다.

이렇게 우리는 원하는 것을 얻기 위해 시간과 노력, 간절한 마음을 담아 고군분투합니다.

언제쯤 힐드리드 할머니는 낮을 만날 수 있을까요? 할머니는 정말 낮을 보고 싶은 것일까요? 침대에 누워 잠을 청하는 할머니의 얼굴엔 자세히 들여다보면 옅은 미소가 번져 있습니다. 그 미소를 보며 할머니는 어쩌면 낮을 기다리지 않아도 괜찮지 않을까, 이런 이상한 생각을 해봅니다.

밤과 낮 구분하지 않고 우리는 지금처럼 계속 살아갈 테고, 꿈을 꿀 테고, 성장할 테니까요. 앞으로 10년 후의 우리 모습이 어떨지 정확히 묘사할 수는 없지만 말입니다.

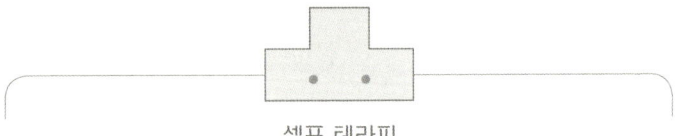

셀프 테라피

Q. 고군분투할지라도 한 걸음씩 자신의 속도로
결과를 이루어낸 경험이 있나요?

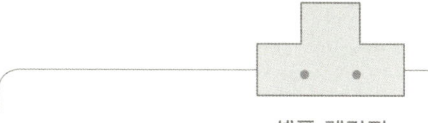

셀프 테라피

Q. 당신이 쫓고 싶은 밤은 무엇이고,
기다리는 낮은 무엇인가요?

온전한 '나-self'로서 즐거움

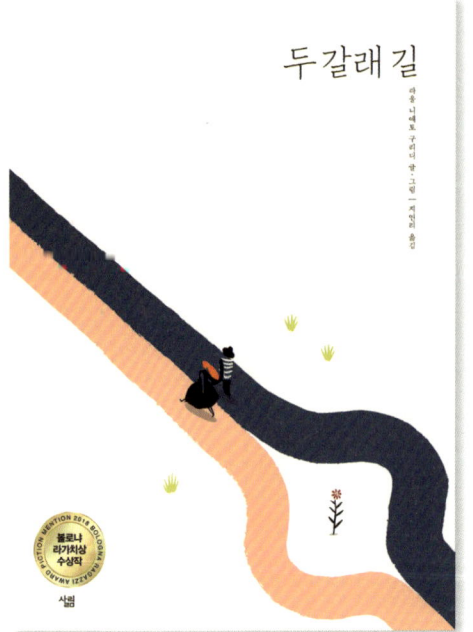

《두 갈래 길》
라울 니에토 구리디 글·그림 | 지연리 역 | 살림

> 생각의 전환

"선생님, 요즘 제 상태가 좋지 않은 것 같아요. 오늘 출근하는데, 눈물이 났어요. 전에는 힘들었을 때도 이런 증상이 없었거든요. 당황스러워요."

자신의 감정과 생각을 잘 알아차리는 미희 씨는 다행히 상담자에게 솔직히 이야기하고, 자기 마음의 불씨가 꺼지는 것 같다고 했습니다. 이렇게 마음에 빨간불이 들어오면 누군가에게 잠깐 이야기하는 것만으로도 감정의 온도가 내려갈 수 있습니다.

번아웃을 경험한 적 있는 미희 씨는 두 번째 번아웃이 너무 빨리 와서 당황스러워했습니다. 하지만 두 번째 번아웃을 마주하는 마음이 처음과는 양상이 다르다는 걸 차차 인식하기 시작했습니다. 출근할 때 며칠 동안 눈물이 계속 흘렀고, 문득 자신이 마음을 많이 다쳤다는 것을 깨달았다고 합니다.

처음 번아웃을 겪을 때는 자신에게 어떤 정서적 불편감이 있는지 모른 채 힘들다는 생각만 들었답니다. 그래서 시간이 지나면 괜찮아지려니 생각하며 계속 일에 몰두했고, 때론 술을 마시기도 했습니다. 쉬는 날에도 무언가를 해야만 마음이 편했습니다.

저와 상담할 때 미희 씨는 회사 동료와 소통이 잘되지 않아 언성을 높이고 자신을 무시하는 태도, 자신을 인정하지 않는 태도 때문에 화가 난다고 털어놓았습니다. 그 때문에 동료와 말다툼을 하고, 지금까지 괜찮게 유지해온 이미지가 한 번에 무너진 것 같아 좌절감이 든다고 했습니다. 그리고 지금까지 동료들과 협조를 잘해온 자기 마음을 알아주지 않아 억울한 마음까지 들었답니다.

여러분은 이럴 때 어떻게 하시나요? 사람들에게는 각자 나름의 가치관과 인생관이 있습니다. '이게 아니면 안 돼. 이건 꼭 지켜야 해.' 이런 것 하나쯤은 마음속에 있을 거예요. 그리고 그게 나를 지키는 것이라고 생각합니다. 미희 씨에게는 그게 '자신을 인정해주는 것, 또는 무시하지 않는 것'입니다. 그런데 그것이 흔들린 것입니다.

저는 미희 씨한테 주변의 신뢰할 만한 지인들에게 자신의 상태를 알리도록 했습니다. 그래야 어려움이 있을 때 도움을 받을 수 있으니까요. 특히 가장 가까운 가족에게는 비록 관계가 소원하더라도 반드시 자신의 상태를 알려야 합니다.

"우리 부모님은 제 이야기를 듣지 않아요. 아마 제가 얼마나 우울한지 잘 모를걸요? 늘 한 귀로 듣고 한 귀로 흘려요." 이렇게 말하는 내담자도 있습니다. 네, 맞습니다. 그럴 수 있지요. 하지만 그렇더라도 현재 가장 가까이 있는 누군가에게는 자신의 상태를 알려줘야 합니다.

다행히 미희 씨는 회복력이 빨랐습니다. 용기를 내어 상급자에게 도움을 요청했고, 업무 조정을 받아 회사 생활에서도 다시금 활력을 얻었습니다. 자신을 지키겠다는 용기가 미희 씨를 곤경에서 구해낸 것입니다.

경험은 중요한 것입니다. 단, 회피하지 않았다면 말입니다.

라울 니에토 구리디 작가의 그림책 《두 갈래 길》은 인생을 길에 비유하면서 각자 자신만의 방법으로 길을 가는 두 남녀에 대해 이야기합니다. 인생은 누구도 예측할 수 없고, 어떤 길이 옳다고 말할 수도 없습니다. 그런데도 누군가는 앞만 보며 가라고, 그게 지름길이라고 말하기도 합니다.

《두 갈래 길》에서는 중요한 결정을 내려야 할 때는 잠시 멈춰서 고민해도 괜찮다고 말합니다. 그리고 그 선택이 자신을 새로운 곳으로 데려다줄 수 있다고 하지요.

작품에서는 반갑게도 모자가 날아가면서 두 사람의 인생길이 우연히 교차합니다. 그리고 둘은 함께 길을 걷습니다. 작가는 이 장면에서 "그 순간 인생은 찬란해지지"라고 이야기합니다. 혼자보다는 함께 할 때, 함께 나눌 때 더 빛날 수 있다는 뜻이겠죠.

생각의 전환은 중요합니다. 자아 고갈 상태, 즉 번아웃을 겪을 땐 좌절하기보다 인생의 전환기가 찾아왔다고 받아들여보세요.

물론 그게 좋은 길인지 아닌지는 잘 모릅니다. 그 선택이 옳은지 그른지도 잘 모릅니다. 어쩌면 후회할 수도 있겠지요.

고맙고 다행인 건 내 상태를 알아차렸다는 것입니다.

고맙고 다행인 건 그게 어떤 선택이든 주저앉지 않고 한 발을 내디뎠다는 것입니다.

  고맙고 다행인 건 좌절을 했다가도 다시 힘을 내 일어났다는 것입니다.

  인생은, 삶은, 살아간다는 것은 그런 것 아닐까요!

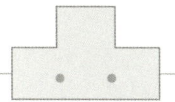

셀프 테라피

Q. 나는 어떤 길(인생, 삶)을 가고 있나요?
(그 길의 질감, 또는 모양은 어떤가요?)

Q. 어떤 길을 가고 싶나요?

생각보다 괜찮네!

《파란모자》
조우영 글·그림 | 바람의아이들

> 대인 관계에서의 두려움

"사람들이 저를 이상하게 쳐다볼까 봐 두려워요. 저에 대해 이상한 말을 할까 봐 두려워요."

자신감이 부족한 사람, 사소한 일에 걱정이 많은 사람은 대인 관계에서 늘 두려움을 마주해야 합니다. 자신에 대한 부정적인 생각은 꼬리에 꼬리를 물고 당사자를 괴롭힙니다. 하지만 실제로 그 상황을 마주하면 그 두려움은 자신이 온 힘을 다해 공기를 불어넣어 팽창된 풍선과 같다는 걸 깨달을 것입니다. 상황이 생각보다 괜찮다는 것도 말입니다.

조우영 작가의 그림책 《파란모자》에서 주인공 파란모자는 울퉁불퉁한 자기 모습이 보기 싫어 파란색 모자를 푹 뒤집어쓰고 다닙니다. 그러다 사람들을 피해 숲속으로 가서 모자를 벗고 바람을 쐬기도 하고, 풀 향기를 맡으며 잠시 휴식을 취하기도 합니다. 그런데 언젠가부터 몸이 커지더니 모자가 작아져 벗기도 힘들고 발아래 풍경도 잘 보이지 않았습니다. 그래서 더 큰 모자를 주문하러 갔죠. 그런데 사람들 앞에서 그만 모자가 터져버리고 말았습니다. 하지만 사람들은 그를 피하거나 놀라지 않고 오히려 파란모자를 걱정해주었습니다.

그 후 작은 모자를 사서 쓰고 다녔지만, 변함없이 사람들은 그를 '파란모자'라고 부릅니다.

큰 모자를 써도, 작은 모자를 써도 파란모자는 파란모자니까요.

사람들은 잠깐 다른 이에게 관심을 가질 수 있지만 그런 관심은 얼마 지나지 않아 이내 사그라들게 마련입니다. 모두가 날 보고 있는 것 같지만 사실 그렇지 않다는 거죠.

스스로 만들어낸 두려움이 자신을 괴롭히고 있는 것은 아닌지 생각해볼 필요가 있습니다. 또한 자기 마음의 벽이 타인과의 소통을 가로막고 있는 것은 아닌지 살펴볼 필요도 있습니다. 하지만 불편함을 느끼지 않고 혼자서도 잘 지낼 수 있다면 괜찮습니다.

'나'라는 사람 자체로도 괜찮지만, 혹시 현재 대인 관계에서 불편함을 느끼고 자기 행동을 수정하고 싶다면 조금씩 노력해볼 필요는 있습니다. 그 방법은 대단한 게 아니라 꾸준함이라고 생각합니다.

우리가 새로운 일을 시작할 때 시행착오를 겪듯이 대인 관계에도 훈련이 필요합니다. 대인 관계가 저절로 좋아지는 사람은 없을 거예요. 내향성인 사람이 낯선 환경을 힘들어하듯 외향성인 사람도 낯선 환경에서는 시간이 걸리고 어려워합니다. 어떤 관계든 시도했다가 실패하면 다시 반복해서 시도해야 합니다. 그러다 보면 성공할 때가 있을 거예요. 그리고 대인 관계를 편하게 하는 사람을 관찰할 필요가 있습니다. 그 사람의 말투와 행동을 잘 살펴보고, 자신의 행동이나 말투와 비교해보세요. 하지만 무엇보다 중요한 것은 포기하지 않는 마음입니다.

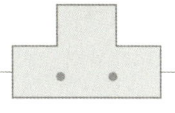

셀프 테라피

Q. 내가 만든 두려움은 무엇인가요?

Q. 두려움의 크기는 어떠한가요? 막상 그 두려움을 마주했을 때 상상했던 것과 크기가 같았나요?

정서적 한계 마주하기

《씩씩해요》
전미화 글 그림 | 사계절

> 상실

"왜 저에게 이런 시련을 주시는 걸까요? 제가 뭘 그렇게 잘못했나요?"

살다 보면 도저히 감당할 수 없는 일이 벌어져 하늘을 원망하고 싶을 때가 있습니다. 하지만 흔히 하늘은 우리가 감당할 수 있을 만큼의 시련을 주신다고 하죠. 그 바닥을 견디고 일어서야 더 나은 나를 만날 수 있다는 뜻일 겁니다. 하지만 사실 홀로 견디기엔 자신이 너무 약하다는 것, 즉 한계를 느낄 때가 많은 것도 사실입니다.

임용 고시를 준비하던 효정 씨는 그걸 포기하고 다른 길로 가겠다고 부모님을 어렵게 설득했습니다. 하지만 그렇게 시작한 일이 생각과 달라 무척 당황스러웠습니다. 그리고 한 달 만에 한계를 느끼고 도저히 견딜 수 없는 상황에 처했습니다.

자존심을 지키고 싶었지만 고민 끝에 더 이상은 힘들겠다고 부모님께 말씀드렸습니다. 그때 어머니가 말했습니다. "그만 내려올래? 힘들면 내려와도 돼. 엄마 옆으로 와."

어머니의 이 한마디가 효정 씨에게 다시금 용기를 주었습니다. 마음 저 깊은 곳에서는 포기하고 싶었지만 그 '한계'를 회피하기보다 마주하고 싶다는 용기가 생긴 것입니다.

그때 만약 어머니가 딸의 선택을 비난했다면 지금 효정 씨는 어떤 모습으로 살고 있을까요?

전미화 작가의 그림책《씩씩해요》는 표지의 귀여운 아이 때문에 가벼운 이야기일 거라 생각하고 무심코 선택했다가 덜컥 마음이 내려앉은 작품입니다.

이 작품에서 저는 정서적으로 한계에 다다랐을 때 그걸 피하지 않고 마주하면 극복과 성장, 승화(회복)를 경험할 수 있다는 희망을 보았습니다.

작품에서 아빠가 갑자기 교통사고로 돌아가시자 엄마와 아이는 큰 상실감에 빠집니다. 이제 엄마는 일터에서 늦게 돌아오고, 아이는 혼자서 자신을 책임져야 합니다. 아이와 엄마에게는 고통스러운 날날입니다. 시간이 흐를수록 아이는 혼자 할 수 있는 일이 많아집니다. 그 시간 속에는 아침 일찍 일하러 나간 엄마와 돌아가신 아빠에 대한 그리움이 스며 있습니다.

아이와 엄마는 상처를 마주하고 자신들만의 방법으로 극복해나가려 합니다. 아빠 대신 운전과 못질을 할 수 있게 된 엄마, 까치발로 혼자 컵을 꺼낼 수 있는 아이. 이렇게 둘은 씩씩해지기로 다짐합니다.

우리는 정서적 한계를 마주했을 때 그걸 감당할 수 없으면 도망가기도 합니다. 처음 몇 번은 회피할 수 있고, 뒤로 숨어버릴 수 있지요. 하지만 그 한계가 겹겹이 쌓여 더 큰 덩어리가 되기도 합니다. 정말로 감당할 수 없게 말입니다.

혼자 감당하기 어려우면 주변의 도움을 받으세요. 차근차근 한계와 마주해야 극복할 수 있습니다. 주위를 둘러보세요. 분명 당신의 손을 잡아줄 누군가가 있을 겁니다.

  그리고 지금의 자신을 믿으세요. 그 마음으로 한 걸음 한 걸음 나아가면 어느덧 한계를 넘어 회복한 '나'를 발견할 수 있을 겁니다.

셀프 테라피

Q. 최근에 마주했던 '정서적 한계'는 무엇인가요?

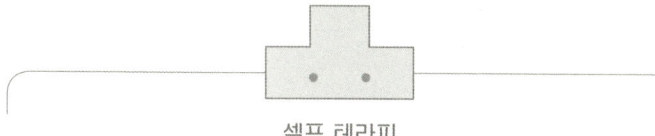

셀프 테라피

Q. 그 정서적 한계를 어떻게 마주하고 있나요?
나만의 방법은 무엇인가요?

감정과 생각 알아차리기

《모두 다 싫어》
나오미 다니스 글 | 신타 아리바스 그림 | 김세실 역 | 후즈갓마이테일

> 모든 감정은 소중해

희로애락은 사람이 살아가면서 느끼는 네 가지 감정, 즉 기쁨·노여움·슬픔·즐거움을 아울러 이르는 말이지요.

그중 노(怒)에는 '노여움' 말고도 '기세가 강성하다' '위세가 왕성하다'는 뜻이 있습니다. 그 밖에 '힘쓰다' '떨쳐 일어나다'라는 긍정적인 의미도 있어 왠지 반갑기까지 했습니다.

나오미 다니스가 글을 쓰고 신타 아리바스가 그림을 그린 《모두 다 싫어》는 '싫다'는 부정적 감정을 솔직하게 표현한 작품입니다. 감정의 소용돌이 속에서 헤매는 사람들, 사춘기를 겪고 있는 청소년 및 이들과 감정적으로 맞서고 있는 양육자, 그리고 일과 관계라는 양가감정 때문에 힘들어하는 회사원들에게 추천하고 싶어요. 《모두 다 싫어》를 만나서 숨겨놓은 감정을 펼치는 시간이 되었으면 좋겠어요.

생일을 맞이한 작품 속 주인공은 모든 것이 마음에 들지 않습니다. 자신을 축하하기 위해 모인 것, 노래를 부르는 것, 웃는 것, 자신을 쳐다보는 것도 싫습니다. 그렇게 화를 내면서도 그들이 자신을 떠날까 봐 두려워하기도 합니다. 주인공의 진짜 마음은 무엇일까요?

우리 집에는 착한 마음, 나쁜 마음과 함께 사는 아홉 살 딸아이가 있습니다. 그런데 저한테 혼나거나 친구와 싸워서 속상할 때는 나쁜 마음이 말을 건다고 합니다. 나쁜 마음이 착한 마음과 싸워서 이겼기 때문이랍니다. 딸아이의 말을 듣고 웃음이 나오는 걸 꾹 참았던 적이 있습니다.

누가 가르쳐주지 않았는데 아이들은 착한 마음, 나쁜 마음의 양가감정이 공존한다는 사실을 알고 있는 것이지요. 이것이야말로 아이들의 복잡 미묘하고 솔직한 마음입니다.

그런 다양한 마음이 함께 있어도 괜찮다는 걸, 그건 당연한 일이라는 걸 우리 어른이 아이들한테 알려주어야 합니다. 좋은 감정만 존재한다고 해서 결코 좋은 일은 아닙니다. 좋은 감정과 나쁜 감정이 공존할 때 우리 마음은 건강한 것입니다.

사람들은 양가감정을 느낄 때 흔히 당황해합니다. 하지만 감성은 언제나 옳은 것이기 때문에 우리가 느끼는 것을 그대로 보여주어야 합니다. 있는 그대로의 내 감정을 들여다보아야 한다는 얘깁니다.

그림책《모두 다 싫어》의 주인공은 불을 끄는 게 싫으면서, 또 한편으론 겁내는 게 싫다고 합니다. 아마도 주인공의 진짜 마음은 소외에 대한 두려움이 아닐까요? 주인공은 동생이 싫은 순간에도 마음 깊은 곳에서는 동생을 사랑하는 마음을 표현합니다. 이처럼 안전 기지에 있는 아이들은 감정의 소용돌이 속에서도 내면에 자리 잡은 진짜 속마음을 표현할 수 있습니다.

여러분은 여러분의 감정을 제대로 알아차리고 있나요? 우리는 때로 '화풀이'라는 것을 합니다. 애먼 사람한테 화를 내거나, 화를 낼 상황이 아닌데도 과하게 화를 내곤 합니다.

정신의학과 김병수 전문의는 평소 감정을 억압하면 '감정 표현 불능증'이 나타난다고 말합니다. 자신의 감정을 표현하지 못할 뿐만 아니라 감정을 느끼는 행위 자체를 창피하게 여기기도 합니다. 자신의 감정을 부정하면 그 감정을 엉뚱하게 해석하고 부적절한 방식으로 표현하게 됩니다.

우리는 '지금-여기'에서 나의 감정과 생각을 알아차리도록 늘 깨어 있어야 합니다.

감정 단어 · 성인용

두렵다	거부당하다 / 걱정스럽다 / 겁먹다 / 고분고분하다 / 깜짝 놀라다 / 당황하다
마음이 열리다	고마워하다 / 명랑하다 / 배려심 있다 / 보살피다 / 부드럽다 / 연결되어있다 / 연민을 느끼다 / 용감하다 / 자신감 있다 / 창의적이다 / 호기심 있다
불안하다	거북하다 / 긴장되다 / 동요하다 / 따끔거리다 / 마음을 숨기다 / 위축되다 / 무관심하다 / 신경이 과민하다 / 조이다 / 혼란스럽다 / 회피하다
상처 입다	거부당하다 / 끔찍해하다 / 마음이 아프다 / 무시당하다 / 민감하다 / 불안정하다 / 쓰라리다 / 위협을 느끼다 / 창피당하다
수치스럽다	고립되다 / 공허하다 / 난처하다 / 무능하다 / 무력하다 / 미흡하다 / 하찮다 / 소외당하다 / 쓸모없다 / 억울하다 / 연약하다 / 열등하다 / 조롱당하다
슬프다	고립되다 / 공허하다 / 나른하다 / 맥 빠지다 / 버려지다 / 쓸쓸하다 / 외롭다 / 우울하다 / 위축되다 / 의기소침하다 / 자포자기하다 / 피곤하다 / 후회하다
의심스럽다	경악하다 / 꺼림칙하다 / 비판적이다 / 빈정대다 / 수상쩍다 / 질투하다
자신감 있다	가치 있다 / 강력하다 / 강하다 / 놀랍다 / 성공적이다 / 소중하다 / 씩씩하다
죄책감 들다	굴종적이다 / 뉘우치다 / 미안해하다 / 회피하다 / 후회하다
취약하다	겁먹다 / 드러나다 / 방어적이다 / 보호하려 들다 / 쓰라리다 / 약하다
평화롭다	감사하다 / 고요하다 / 느긋하다 / 만족하다 / 받아들여지다 / 안심하다
행복하다	기쁘다 / 감각적이다 / 낙관적이다 / 대담하다 / 매료되다 / 명랑하다 / 신나다 / 씩씩하다 / 재미있어하다 / 창의적이다 / 쾌활하다 / 활기차다 / 활동적이다
혐오스럽다	거부하다 / 메스껍다 / 못마땅하다 / 싫어하다 / 역겹다 / 지겹다
화나다	격분하다 / 공격적이다 / 냉담하다 / 못마땅하다 / 비난하다 / 빈정대다 / 삐치다 / 상처받다 / 실망하다 / 약이 오르다 / 억울하다 / 절망스럽다 / 질투하다 / 짜증 나다
흥분하다	경외감을 갖다 / 경탄하다 / 고조되다 / 기운 넘치다 / 놀랍다 / 속이 트이다 / 신기하다 / 씩씩하다 / 열렬하다 / 자유롭다 / 충실하다 / 황홀하다 / 흥미롭다

감각 단어 · 청소년용

거북하다	갇히다 / 까칠하다 / 마비되다 / 무감각하다 / 묵직하다 / 서늘하다 / 힘주다 / 속이 뭉치다 / 숨이 막히다 / 신경이 날카롭다 / 움츠러들다 / 차단되다
두렵다	땀투성이다 / 떨리다 / 숨이 가쁘다 / 식은땀 나다 / 싸늘하다 / 안절부절못하다 / 어지럽다 / 얼어붙다 / 제정신이 아니다 / 조마조마하다 / 혼란스럽다
마음이 열리다	가볍다 / 고요하다 / 깨어 있다 / 느긋하다 / 따스하다 / 생기 있다 / 속이 트이다 / 연결되다 / 열려 있다 / 충만하다 / 평온하다 / 평화롭다 / 흐르다
부드럽다	감동하다 / 감상적이다 / 깨지기 쉽다 / 늘어지다 / 맥없다 / 아늑하다 / 찡하다
불안하다	가슴이 뛰다 / 거북하다 / 골이 아프다 / 공황 상태다 / 답답하다 / 두근거리다/ 떨리다 / 멍하다 / 속이 뭉치다 / 식은땀이 나다 / 아찔하다 / 어지럽다
상처 입다	까칠하다 / 따끔거리다 / 멍들다 / 베이다 / 쓰라리다 / 아프다 / 예민하다 / 무방비 상태다 / 예민하다 / 찔리다 / 타는 듯하다 / 후들거리다
속이 트이다	강하다 / 발산하다 / 부풀어 오르다 / 빛나다 / 살짝 떨리다 / 차오르다 / 크다
수치스럽다	공허하다 / 단절되다 / 마음이 무너지다 / 무감각하다 / 무기력하다 / 사라지다 / 초라하나 / 얼굴이 빨개지다 / 숨으려고 하다 / 외롭다 / 풀이 죽다 / 어둡다
슬프다	마음 둘 곳이 없다 / 마음이 무겁다 / 심각하다 / 울적하다 / 짓눌리다
우울하다	공허하다 / 단절되다 / 동떨어지다 / 따분하다 / 무감각하다 / 무겁다 / 무기력하다 / 사라지다 / 어둡다 / 외롭다 / 움츠러들다 / 진이 빠지다
죄책감이 들다	가라앉다 / 거북하다 / 신경이 날카롭다 / 조마조마하다 / 철렁하다
취약하다	허술하다 / 드러나다 / 떨리다 / 쓰라리다 / 무방비 상태다 / 잘 부러지다
행복하다	감동하다 / 기운 넘치다 / 따스하다 / 명랑하다 / 미소 짓다 / 부드럽다 / 속이 트이다 / 순조롭다 / 아늑하다 / 열려 있다 / 찡하다 / 환히 빛나다
혐오스럽다	당혹스럽다 / 메스껍다 / 속이 뭉치다 / 역겹다 / 토할 것 같다 / 힘주다
화나다	거북하다 / 격렬하다 / 뜨겁다 / 충동적이다 / 화끈거리다 / 힘주다 / 악물다
흥분하다	가슴이 뛰다 / 근질거리다 / 기운 넘치다 / 넓어지다 / 숨이 가쁘다 / 발산하다 / 속이 트이다 / 떠 있다 / 신나다 / 얼굴이 빨개지다 / 얼얼하다 / 쾌활하다

출처: 《It' Not Always Depression》, Hilary Jacobs Hendel

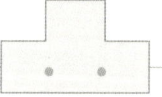

셀프 테라피

**Q. 나는 어떤 때 화를 내나요?
나의 화난 감정에는 어떤 감정이 숨어 있을까요?**
(불인정, 무시, 불안, 수치심, 두려움 등.)

Q. 나를 위로하는 감정 레시피가 있나요?

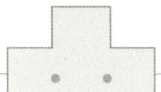

Q. 일주일 동안 가장 많이 느꼈던 감정을 찾아 동그라미 하고, 문장으로 표현해보세요.
(우리는 매일 수많은 감정을 마주합니다.
긍정적 감정이든 부정적 감정이든 모두 괜찮습니다.)

비록 한 장의 희망이라도

9

《빨간 나무》
숀 탠 글·그림 | 김경연 역 | 풀빛

> 절망 속의 희망

"제 삶에는 희망이 없어요. 저를 낳아준 부모님이 원망스럽습니다."

삶보다 죽음이 더 가치가 있다고 입버릇처럼 말하는 강준 씨를 처음 만난 건 몇 달 전이었습니다. 그는 아침에 일어나면 숨 쉬는 것 자체가 고통스럽다고 했습니다. 좋은 대학을 뛰어난 성적으로 졸업하고 중견 회사에 취직도 했지만, 그 모든 게 하찮기만 했습니다. 그런 것들을 이루기 위해 애써온 노력도 아무런 가치가 없다고도 말했습니다. 아무래도 무기력증에 빠진 듯했습니다. 무표정한 얼굴, 생기 없는 얼굴, 온몸에 에너지가 빠진 상태로 버티고 있는 게 신기할 정도였습니다.

그런 강준 씨가 몇 주 전부터 아침 먹기 전 30분 독서, 잠들기 전 30분 독서 등 틈나는 대로 혼자만의 공간과 시간을 만들기 시작했습니다. 정해진 환경에서 자신이 할 수 있는 최선의 선택을 한 것입니다. 앞이 보이지 않는 깜깜한 어둠 속에서도 포기하지 않고 한 줄기 빛을 찾기로 말입니다.

강준 씨가 현실에 적응했다기보다 현재의 환경을 수용했다고 할까요? 그럼에도 자신이 정해놓은 목표를 위해서, 자신과의 약속을 지키기 위해서 안간힘을 쓰는 그에게 박수를 보내고 싶어요.

숀 탠의 그림책 《빨간 나무》에 등장하는 아이는 병 안에 자신을 넣고 투구를 쓴 채 자신만의 시간을 갖습니다. 그 공간에선 아무것도 들리지 않고, 누구도 말을 걸지 않습니다.

희망이라고는 전혀 보이지 않습니다. 어둠이 옴짝달싹 못하게 발을 묶어놓습니다. 아무도 아이를 이해하지 못하고, 스스로도 무엇을 해야 할지 모릅니다.

아이는 하루하루 기다리고, 기다리고, 또 기다립니다. 마음이 닳아 작아질 때까지 기다립니다. 이렇게 한없이 구덩이를 파고 내려가면 내가 누구인지, 여기에 왜 있는지, 무엇을 해야 하는지 알 수 있을까요?

그곳이 안전지대처럼 편안할 수도 있겠죠. 마음속 저 깊은 곳에서는 누군가가 나를 봐주기를 간절히 바랄 수도 있고요. 하지만 병 안으로 들어가는 것과 나가는 것은 자신이 선택한 일입니다.

여러분은 고통과 절망 그리고 어려움이 밀려올 때 어떻게 하고 싶은가요? 자신을 위로해줄 무언가가 있나요?

절망 속을 헤매다 집에 돌아갔을 때, 한 장이던 빨간 잎이 어느새 두 장이 되고 세 장이 되어 빨간 나무로 성장해 있습니다. 희망은 가까이에 있었던 것입니다. 고통과 절망에 둘러싸여 있더라도 주위를 둘러보세요. 아마 희망이 보일 겁니다.

희망은 거창한 게 아닙니다. 내 안에서 내가 만드는 것입니다. 우리는 낙엽이 켜켜이 쌓이듯 불행이 쌓이는 것을 보며 '왜 나에게만 불행이 찾아오지? 왜 나에게만 힘든 일이 생기지?'

하고 누군가를 원망하며 환경을 탓하곤 합니다. 나에게 희망은 없다고 생각하며 거기에만 몰입해 부정적인 생각을 한다 해도 상황은 변하지 않습니다. 거기서 잠시 떨어져 생각을 전환한다면, 비록 한 장의 희망일지라도 그걸 마음에 품고 키운다면 언젠가 나를 지탱해주는 '희망 나무'로 자라날 것입니다.

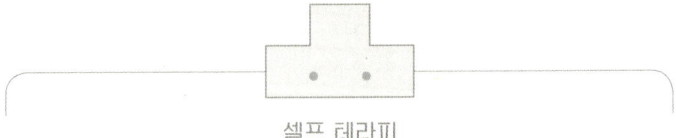

셀프 테라피

Q. 어려움이 밀려올 때 나의 문제 해결력은 어떠한가요?

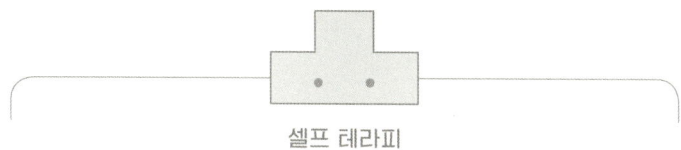

셀프 테라피

Q. 내가 기다리는 빨간 잎은 무엇인가요?

인생의
속도와 방향

《홈런을 한 번도 쳐 보지 못한 너에게》
하세가와 슈헤이 글·그림 | 김소연 역 | 천개의바람

> 과정의 소중함

"저는 누구보다 더 부지런하고, 열심히 하는 것 같은데 왜 결과는 좋지 않을까요? 너무 속상해요."

20대 미영 씨는 누구보다 일찍 출근해서 쉬지 않고 일한다고 합니다. 하지만 업무 성적은 다른 동료들보다 좋지 않아 항상 의기소침합니다. 노력하는 것에 비해 결과가 좋지 않으면 누구나 그럴 것 같은데, 그런 미영 씨에게 어떤 도움을 줄 수 있을까요? 혹시 미영 씨의 업무 방식을 바꿔야 할까요? 아니면 과정 없이 성급하게 결과를 바라는 건 아닌지 점검할 필요도 있을 것 같습니다.

사람은 누구나 성공하고 싶어 합니다. 올림픽에서 메달을 딴 선수들의 이야기를 들어보면, 누구보다 더 많은 시간 동안 자기만의 노하우로 연습했다고 하죠. 그들의 결과에는 반드시 시간과 노력이라는 과정이 녹아 있는 것입니다.

하세가와 슈헤이 작가의 그림책 《홈런을 한 번도 쳐 보지 못한 너에게》의 루이는 홈런을 꿈꾸고 있습니다. 실력이 부족해 아직 안타도 치지 못하는데 말이죠. 루이는 홈런을 치고 싶지만, 능력이 없는 것 같아 속상합니다. 그런 루이를 위로해주는 센 형은 고교 야구 선수인데, 교통사고를 크게 당해 재활 치료 중입니다. 센 형도 홈런을 꿈꾸며 열심히 연습하고 있습니다.

센 형은 루이에게 유명한 선수들이 홈런을 치기까지 어떤 노력을 했는지 이야기 해주며, 모든 일에는 과정이 있어야 결과가 있다고 조언합니다. 그리고 둘이 함께 연습해보자고 제안하죠. 센 형의 충고를 들은 루이는 우선 안타부터 치고 언젠가는 홈런을 치겠다고 다짐합니다.

무슨 일을 할 때는 과정과 결과가 있기 마련입니다. 누군가에게는 과정이 중요할 수도, 또 누군가에게는 결과가 중요할 수 있겠죠. 하지만 분명한 것은 과정이 있어야 결과도 있다는 것입니다.

기회는 스스로 찾아오지 않습니다. 주위를 둘러보며 적극적으로 기회를 찾아 나서야 합니다. 씨앗이 열매가 되고, 열매가 나무가 되는 것처럼 그런 과정을 통해 우리도 성장할 것입니다.

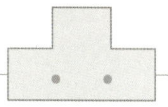

셀프 테라피

Q. '지금-여기'에서 당신은 어떤 상황인가요?
주변의 지인, 자연, 상황을 둘러볼 마음의 여유가 있나요?

Q. 오직 나만의 힘으로 이루어낸 일이 있나요?

4

수용의 방

나를 사랑할 힘이 생겼어. 나에게 친절하기

'수용의 방'에서는 상처받은 나, 보고 싶지 않은 나,
애쓰고 있는 나, 잘하고 있는 나를 안아줄 것입니다.
이미 우리는 '다양한 나'를 수용하고 있습니다.
현재를 살아가며 있는 그대로를 받아들이고,
타인이 아닌 내가 주체가 되어 상황을 주도할 것입니다.

당신의 아침은 안녕한가요?

1

《아침에 창문을 열면》
아라이 료지 글·그림 | 김난주 역 | 시공주니어

> 일상의 소중함

"삶이 소중하고 일상 또한 소중한 건 알겠지만, 저의 인생은 지금도, 앞으로도 힘들 것 같습니다."

그림책《아침에 창문을 열면》을 20대 용진 씨와 함께 읽고, 어떤 마음이 드는지 물어봤습니다. 그림책의 의미를 이해한다는 표정을 지었지만, 그의 얼굴에는 삶의 고단함이 담겨 있었습니다. 담담하게 괜찮다는 표정으로 이야기 하는데, 제 마음 한구석이 시릴 정도였습니다. 그동안 어떤 삶을 살았기에 이제 20대 중반인 청년의 표정에서 인생을 초월한 듯 '인생은 힘든 거야. 아픈 거야'라는 분위기가 풍기는 것일까요?

현재 자신의 실수로 여러 가지 정서적 어려움을 겪고 있는 용진 씨는 지금까지 매우 힘든 삶을 살아왔다고 이야기합니다. 그럼에도 이 상황을 극복하기 위해 애쓰고 있는 용진 씨가 대견합니다.

살다 보면 하루하루 지쳐서 닳아 없어질 것만 같을 때가 있습니다. 온몸의 기운이 빠진 채로 건널목에서 녹색불이 켜지기를 기다리며 지금 가야 할 곳이 집이 아니었으면 좋겠고, 아침에 일어나면 이대로 사라져버렸으면 좋겠다고 생각할 때가 있습니다. 그러다 문득 정신을 차리며 다시 마음을 고쳐 다잡아봅니다. 가족이나 소중한 사람들을 생각하면서 말이죠.

아라이 료지 작가는 그림책 《아침에 창문을 열면》을 2010년 가을에 기획해 스케치를 진행하던 중 2011년 일본 대지진이 발생하면서 잠시 작업을 중단했다고 합니다. 당시 아라이 료지는 피해 지역인 동북 지방의 해안 마을을 돌면서 워크숍을 열어 상처받은 사람들의 마음을 어루만져주었다고 하네요. 그 결과 이 그림책이 탄생했으니 꽤 의미 있는 작품이라는 생각이 들어요. 팬데믹과 경기 침체로 어려움을 겪는 우리에게도 힘을 줄 만한 책이라고 생각합니다.

그림책 《아침에 창문을 열면》을 펼치면 산으로 둘러싸인 조용한 시골, 높다란 건물이 줄지어 있는 도시 등 여러 장소의 아침 풍경을 볼 수 있습니다. 아이들이 창문을 열며 "아침이 밝았어요. 창문을 활짝 열어요." 하고 참새가 쌕쌕거리듯 경쾌한 목소리로 말합니다. 마치 "아침이 밝았어. 일어나. 오늘이 소중하지 않니?"라고 말을 건네는 듯합니다. 창문을 열면 상쾌한 공기가 온몸에 활력을 불어넣겠지요.

저는 매일 아침 습관적으로 베란다에서 하늘을 관찰하며 사진을 한 장씩 찍고 있습니다.

하늘을 바라보며 "아침이 왔구나. 오늘도 잘 지내보자!"라고 주문을 걸곤 합니다. 그러면 정말 하루를 무사히 잘 보낼 것만 같은 힘이 생깁니다. 여러분도 함께 주문을 걸어볼까요?

여러분의 하늘은 어떤 모습인가요? 뭐라고 이야기하고 싶은가요?

비록 힘든 일이 계속되어도 오늘이 지나면 내일이 오게 마런입니다. 그러니 아침에 긍정적 마음으로 주문을 걸며 하루를 시작하고, 일과를 끝낸 후 "오늘 하루도 잘 살아냈구나. 잘했어" 하며 자신을 쓰담쓰담해주면 좋겠습니다.

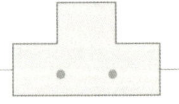

셀프 테라피

Q. 아침에 창문을 열면 무엇이 나를 기다리고 있을까요?

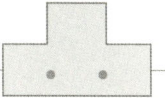

셀프 테라피

Q. 창문을 열고 '지금-여기' 있는 나에게 속삭여주고 싶은 말은 무엇인가요?

사라지는 건
자연스러운 일이야!

2

《사라지는 것들》
베아트리체 알레마냐 글·그림 | 김윤진 역 | 비룡소

> 인생의 자연스러운 순리

"제가 받은 이 상처는 언제쯤 사라지나요? 당장 죽을 것 같은데요…."

은영 씨는 가장 친했던 친구의 배신과 친구를 잃은 상실감에 무척이나 괴로워했습니다. 분신처럼 여겼던 친구가 갑자기 돌변해 다른 사람에게 은영 씨 험담을 하며 등을 돌린 것입니다. 여러 가지 감정이 한꺼번에 몰아친 은영 씨는 잔잔했던 마음이 세차게 흔들려 감당할 수 없다며 하소연을 했습니다.

베아트리체 알레마냐 작가의 그림책 《사라지는 것들》에도 존재했다가 사라지는 것이 많이 나옵니다. 어느 날 손에 앉은 새, 어린아이의 잠, 무릎에 난 작은 상처, "후" 하고 불면 사라지는 비눗방울, 우울한 생각, 떨어지는 나뭇잎, 허공에 흩어지는 음악 등등.

영원한 것은 없습니다. 모든 것은 시간의 흐름과 함께 변화합니다. 하지만 그중에서도 지키고 싶은 것은 있게 마련입니다. 그리고 남아 있는 것들도 있습니다.

작은 상처는 보통 흔적도 없이 사라지죠. 큰 상처는 눈에 띄는 흔적을 남기기도 하고요. 하지만 슬프고 창피한 기억은 흔적도 없이 사라져버렸으면 좋겠습니다. 기쁘고 따뜻한 기억만 남아 있으면 좋겠습니다. 그러나 모두 내 뜻대로 되지 않는 게 삶입니다.

그럼에도 우리는 오늘의 시간을 살아가죠.

내 안에서 지워버리고 싶은 것, 사라져버렸으면 하는 것은 무엇인가요? 누군가는 권위자에게 인정받고 싶어 하는 자신의 그림자, 자기 말이 옳다고 믿으며 타인에게 강요하는 비합리적 신념, 타인이 자신에게 심어놓은 상처 따위를 지워버리고 싶다고 해요. 그리고 사람과의 관계, 미래에 대한 걱정, 자신이 타인에게 준 상처, 누군가를 미워하는 마음도 사라지길 바랍니다.

반대로 간직하고 싶은 것은 무엇일까요? 누군가는 소중한 가족, 새로운 꿈, 딸아이가 하는 귀여운 언어, 부모를 온전히 사랑하는 아이의 마음을 간직하고 싶다고 해요. 그리고 현재에 충실한 마음, 소중한 추억, 지금의 행복, 가치와 방향성도 간직하고 싶어 합니다.

이번 기회에 잠시 그동안의 삶의 여정을 점검해보면 어떨까요? 좋았던 시간, 힘들었던 시간을 떠올려보세요. 그때를 들여다보면 분명 당시의 감정이 생생하게 살아나고, 거기엔 지금과 다른 내가 있을 것입니다. 물론 상처로 남아 내 안에서 불쑥불쑥 올라오는 감정도 있을 테지요. 하지만 지금은 마음의 근육이 좀 더 자랐으니 그때보다 많이 흔들리지 않을 거예요.

지금 이 순간에 충실할 때 진정한 나를 만날 수 있습니다. 그럴 때 '지금-여기'에서 맞이하는 행복을 느낄 수 있고, 현재가 중요하다는 사실을 깨닫게 됩니다.

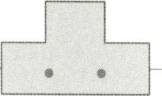

셀프 테라피

Q. 내 안에서 지워버리고 싶은 것, 사라져버렸으면 하는 것은 무엇인가요?

_____
_____
_____
_____
_____

Q. 간직하고 싶은 것 또는 지키고 싶은 것은 무엇인가요?

_____
_____
_____
_____
_____

인생
뭐 있나요?

3

《인생은 지금》
다비드 칼리 글 | 세실리아 페리 그림 | 정원정·박서영 역 | 오후의소묘

> 지금-여기의 소중함

"드디어 은퇴야! 이제 우리 마음대로 살 수 있어."

부부는 서로 다른 인격체가 만나서 하나가 되는 게 아니라, 서로의 의견을 공유하며 함께 살아가는 것이라는 걸 저는 마흔이 넘어서야 알게 되었습니다.

다비드 칼리가 쓰고 세실리아 페리가 그린 그림책《인생은 지금》의 앞 면지를 넘기면 유독 눈에 들어오는 집 모양. 이 그림이 의미하는 건 무엇일까 생각하다 '지금-여기' 흘러가는 마음이 말합니다. "각각의 유기체가 모여서 함께 살아가며 합체되어가는 과정." 또는 "나이가 들어도 여전히 서로 다른 각자를 이해하는 과정." 여러분은 어떤 생각을 하셨나요?

《인생은 지금》에서는 은퇴한 남편이 훌훌 털어버리고 어디로든 떠나자고 아내에게 말합니다. 하지만 아내는 그럴 수 없습니다. 날개를 단 것처럼 당장 떠날 수 없는 아내의 현실에 제 부모님이 생각나 눈시울이 뜨거워졌습니다. 제 부모님은 벌써 은퇴하셨는데도 당신들의 삶보다 여전히 자식들을 위한 삶을 살고 계십니다. 그리고 두 분 다 당신을 위한 소비는 하지 않으십니다.

《인생은 지금》의 그림은 따뜻하고 즐겁지만 서사는 슬프게 다가옵니다. 남편은 외국어 배우기, 악기 배우기, 낚시하기, 요리하기, 온종일 풀밭에 누워 있기 등 평소에 해보지 못한 채 꼭꼭 숨겨두었던 꿈을 보따리 풀 듯 하나씩 꺼냅니다. 하지만 아내의 현실은 냉정합니다. 아내의 격자무늬 가운과 남편의 나뭇잎 무늬 가운이 두 주인공의 성향과 현재 상황을 잘 보여주는 것 같습니다.

제 아버지가 40년 넘게 해온 일에서 은퇴하고 홀가분하게 편히 쉬어야 할 시기에 하늘은 야속하게도 고난을 주셨습니다. 어머니가 갑작스러운 어지러움 때문에 응급실로 실려 간 것입니다. 몸을 가누지 못하는 어머니가 아버지에게 아기처럼 오롯이 몸을 기댄 모습이 지금도 선명합니다. 누군가를 챙기는 데 익숙하지 않은 아버지는 잔뜩 긴장한 채 손을 꼭 잡으며 어머니의 얼굴을 바라보았죠. 그런 아버지를 보며 저는 마음이 복잡해졌습니다.

어머니는 아버지가 은퇴하면 함께 제주도 여행을 가는 게 작은 바람이었습니다. 그런데 무엇이 그리 어려운지 2년째 아직도 여행을 가지 못했습니다. 큰딸인 제게는 그 일이 마음의 짐처럼 묵직하게 얹혀 있습니다. 일할 때는 바빠서, 시간이 날 때는 몸이 아파서, 갑자기 코로나19 때문에, 손주들을 봐줘야 해서. 이렇게 인생에는 뜻하지 않은 일들이 생기게 마련이죠.

그래서 모든 일에는 '때'가 있나 봅니다.

《인생은 지금》에서도 인생은 '지금'이라고 이야기합니다.

"인생 뭐 있나요? '지금-여기'가 '그때'입니다.

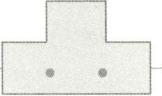

셀프 테라피

Q. 은퇴를 하면 제일 먼저 하고 싶은 일은 무엇인가요?

_____
_____
_____
_____
_____

Q. '지금-여기'에서 당신에게 가장 중요한 것(가치관, 사람 등)은 무엇이고, 그것을 위해 무얼 하고 있나요?

_____
_____
_____
_____
_____

포기하지 않아요!

4

《바다가 보고 싶었던 개구리》
기 빌루 글·그림 | 이상희 역 | 열린어린이

> 포기하지 않는 용기

"은희 씨, 지금 잘하고 있어요. 이 정도면 충분해요. 얼마나 더 잘해야 할까요?"

"아뇨, 인정이 안 돼요. 저는 기준이 높아요. 늘 만족스럽지 못해요."

지금의 모습만으로도 충분히 괜찮은데, 스스로 만족하지 못하는 분이 많습니다. 물론 목표가 높으면 그것을 향해 노력하게 되고, 또 성취할 수도 있습니다. 단, 자기 능력과 너무 차이 나는 목표를 정하면 문제가 생길 수 있죠. 그 목표를 향해 노력하다 실패하면 결국 '나는 왜 이것밖에 안 되지? 왜 이리 쓸모가 없지?' 하며 자신에게 비난의 화살을 쏘게 되니까요.

작은 성공을 많이 경험한 사람일수록 실패를 두려워하지 않고, 꾸준히 시도하고 끝내 큰 성공을 이뤄낼 수 있습니다.

기 빌루 작가의 그림책 《바다가 보고 싶었던 개구리》의 주인공 개구리 앨리스는 실패를 두려워하지 않습니다. 자신이 사는 작은 연못보다 훨씬 넓은 바다가 보고 싶어 수련잎을 돌돌 말아 호기롭게 길을 떠납니다. 그러다 지금까지 한 번도 보지 못한 강물을 만났습니다. 두려웠지만 앨리스는 포기하지 않고 수련잎을 들고 바다를 향해 나아갑니다. 여행길에 선물로 받은 유리병은 앨리스가 바다에서 거친 파도를 만났을 때 두려움을 잠재워주었습니다. 힘든 시간을 보낸 앨리스는 다시 집으로 돌아왔고, 자기 연못에서 안락함을 느낍니다. 그 후 봄과 여름이 지나고, 앨리스는 자신의 수련잎으로 멋지게 파도를 즐깁니다.

도약하고, 한계를 뛰어넘는 앨리스.
성공과 실패를 두려워하지 않는 앨리스.

이 작품에는 조력자가 참 많습니다.
갈매기, 노인, 달.
여러분에겐 위험할 때 도와줄 거라며 노인이 앨리스한테 건넨 '유리병' 같은 존재가 있나요?
두려움에, 좌절감에 내 마음을 다스리지 못할 때 나를 도와줄 누군가가 있나요?
지그시 손을 잡아주고 위로의 손길을 내밀었던 존재를 떠올려보세요.
노인이 준 유리병은 내 안에 있는 '마음의 근육'입니다. 마음의 근육은 내 안에서 자라는 것이지요. 화초처럼 거름을 주고, 물을 주고, 때론 화분을 갈아 잘 자랄 수 있게 보듬어야 합니다. 그것은 '나'만이 할 수 있는 일입니다.
앨리스는 마음의 근육이 튼튼했기에 좌절과 실패를 계단 삼아 앞으로 나아갈 수 있었습니다. 물론 성난 파도를 만나 덩그러니 바다 한복판에 있을 땐 두려워서 울기도 했죠. 하지만 앨리스는 다시 나아갈 힘을 키워 수련잎과 함께 파도타기를 멋지게 즐깁니다. 그리고 달그림자의 도움을 받아 집으로 돌아오지요.

때로는 앨리스처럼 우리가 마주하고 있는 환경이 좁게 느껴질 수도 있습니다. 좀 더 성장하고 싶고, 좀 더 많은 사람에게 인정받고 싶은 욕구도 있을 수 있고요.

누구나 실패를 두려워합니다. 실패하길 바라는 사람은 없죠. 하지만 실패가 두려워 아무것도 시도하지 못하는 우를 범하진 마세요. 실패하고, 점검하고, 때를 기다리고, 또다시 시도해야 합니다. 한 번에 되는 일은 없습니다. 몇 번을 반복하다 보면 앨리스처럼 자신의 때를 만날 거예요. 실패와 시도를 두려워하지 말고 고군분투했던 그 시간을 관통해 우리는 '지금-여기'에 있는 것입니다.

나는 지금 앞으로 나아가지 못하고 어디에, 무엇에 머무르고 있는지 자신에게 물어보세요.

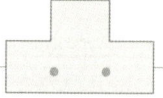

셀프 테라피

Q. 포기하지 않고 다시 나아갈 수 있게 힘을 주는
여러분의 '수련잎'은 무엇인가요?

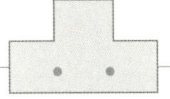

셀프 테라피

Q. 힘들 때 마음을 함께 나누거나 도움을 받을 수 있는 조력자는 누구인가요?

지금-여기, 삶의 균형이 필요한가요?

5

《균형》
유준재 글·그림 | 문학동네

| 삶의 균형 |

학창 시절 체육 시간에 한 발로 선 채 두 팔을 벌리고 뒤뚱거리며 균형을 잡으려 안간힘을 썼던 경험이 있나요? 처음에는 바들바들 온몸을 떨다가 조금씩 시간이 흐르면 몸의 떨림이 줄어들면서 마음의 떨림도 안정을 찾아갑니다. 몸과 마음이 균형을 이루게 되지요.

우리의 삶에서 균형이 꼭 필요할까요?

무엇을 위해 우리는 오늘도 열심히 앞만 보며 달리고 있을까요? 업무나 학업에만 집중하다 보면 소중한 사람들을 살피는 일이나 자신을 돌보는 일에 소홀할 수 있습니다. 열심히 달리다 가끔 숨을 고르기 위해 멈추었을 때 문득 이런 생각이 들기도 합니다. '내가 무엇을 위해 이렇게 열심히 달리고 있지?' 하지만 답을 쉽게 얻을 수가 없습니다.

균형은 나에게 어떤 의미일까요?

유준재 작가의 그림책 《균형》의 표지에 있는 원을 보면 매끄러운 부분, 비스듬한 부분, 평평한 부분도 있어요. 온전한 원이 아닙니다. 유준재 작가는 마음에 드는 원을 완성하기 위해 판화 기법으로 수많은 원을 찍어냈다고 인터뷰에서 이야기한 바 있습니다.

한 남자아이가 곡예를 하며 균형을 잡기 위해 애씁니다. 무대에서 멋진 모습을 보여주기 위해, 실수하지 않기 위해 노력하지만 사실은 너무 떨립니다. 온몸이 긴장되어 있습니다. 혼자 하기 어려운 일도 함께 해주는 동반자가 있다면 충분히 이겨낼 수 있겠지요? 완벽할 수는 없겠지만 동반자와 함께 호흡을 조절하며 균형을 이루어나갑니다.

　잠시 함께 생각해볼까요?

　원을 우리의 삶으로 본다면 당신은 어디쯤 서 있나요?

　독립해서 스스로를 책임져야 하는 20~30대 청년이라면 열심히 산을 오르듯 오르막에, 40~50대 중년이라면 자녀들이 다 성장해 안정기에 있는 평평한 부분, 60대 이상의 노년이라면 은퇴하고 주변을 돌보며 천천히 내려가고 있을 것 같네요.

　상담을 통해 만난 중년의 한 남자분은 그 원에 가족의 삶도 함께 넣어 모두 자신이 책임져야 한다고 생각했습니다. 그래서 그 원을 떠받들고 있다고 했죠. 그 어깨에 얹힌 무게감이 거대한 산처럼 느껴졌습니다. 가장으로서의 책임감이겠죠. 이 남자분과 상담을 하면서 우리의 모든 아버지가 떠올랐습니다.

　각자의 인생 시기와 삶의 방식에 따라 우리의 방향과 속도 또한 모두 다를 것입니다. 이제 잠시 멈추어 내가 누구와 발을 맞추고 있는지, 내 옆에 누가 있는지 둘러볼까요? 분명 함께 가고 있는 조력자가 있을 거예요.

　균형을 잡으려면 반대쪽에서도 같은 힘으로, 같은 호흡으로 함께 해야 합니다. 때론 삐걱거리며 균형이 맞지 않아 속상할 때도 있겠죠. 하지만 혼자가 아닌 함께이기에 힘을 낼 수 있습니다. 서로의 마음에 귀를 기울이고, 손을 잡은 채 상대의 속도에 맞추면 균형을 이룰 수 있습니다.

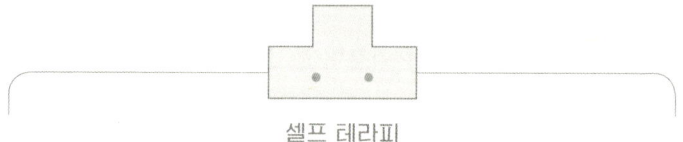

셀프 테라피

Q. 나의 삶에서 균형은 어떤 의미인가요?

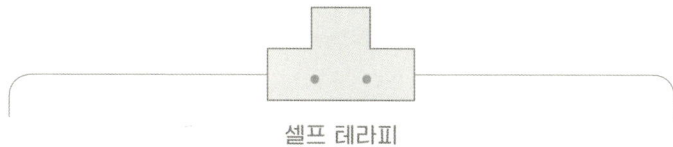

셀프 테라피

Q. 균형을 유지해야 할 때 누구와 함께 하고 싶나요?

우리가 지금-여기에 살아 있기에

《살아 있다는 건》
다니카와 슌타로 글 | 오카모토 요시로 그림 | 권남희 역 | 비룡소

> 평범한 하루의 소중함

"제게 인생은 고달프고 힘든 것 같습니다. 사는 게 무슨 의미인가요?"

20대 중반의 건장한 청년 무결 씨가 무표정한 얼굴로 담담하게 내뱉는 이 말에 저는 가슴이 덜컥 내려앉는 것 같았습니다. 그에게 고달픈 삶이란 어떤 것인지 궁금했습니다.

"물론 소소한 행복의 기쁨을 모르는 건 아닙니다. 하지만 지금까지 힘들게 살아왔고, 앞으로 어떻게 살아갈지 늘 막막합니다."

몇 달 전 그에겐 자신의 실수로 좋지 않은 일이 생겼고, 그 문제가 해결되지 않아 그동안 꿈꿔온 미래를 포기해야 할 만큼 고통스럽다고 했습니다. 다행스럽게도 아직까지는 중심을 잘 잡고 버티는 것 같았지만, 주위를 둘러볼 만큼 마음의 여유는 없는 듯했습니다. 그런 무결 씨에게 어떤 말을 건네주면 좋을까요?

다니카와 슌타로가 시를 쓰고, 오카모토 요시로가 그림을 그린 《살아 있다는 건》은 다니카와 슌타로의 <살다>라는 시를 어린이의 시선으로 담아낸 작품입니다.

《살아 있다는 건》에서는 놀이터에서 친구들과 노는 일, 할아버지와 함께 식물한테 물을 주며 무지개를 만드는 일, 엄마에게 떼를 썼다가 혼나는 일, 가족과 옹기종기 모여 따뜻한 밥을 먹는 일 등 울고 웃고 화내는 모든 일이 살아 있음을 보여주는 거라고 이야기합니다. 아침에 일어나 밤에 꿈나라로 들어갈 때까지 우리의 소소한 이야기가 한 장 한 장 따뜻하게 그려져 있습니다.

반복되는 일상이 그저 지겹게 느껴질 때도 있지만, 소중한 사람과 이별 했거나 큰일이 생겨 생활 패턴이 바뀌었을 때 우리는 그 일상을 그리워합니다. 그러한 일상의 소중함을 기억해내는 것이죠.

24시간이 모자란 듯 바삐 움직이며 달리는 사람들에게 지금 이 순간순간이 살아 있음의 증거라고 귀띔해주고 싶습니다. 마음의 여유가 없어 그걸 깨닫지 못할 수도 있으니까요.

살아 있다는 것을 기억하고, 한순간도 허투루 흘려보내선 안 되겠습니다.

우리가 겪는 어려움을 자세히 살펴보면, 이미 결과가 나와 있거나 지금 당장 해결하지 않아도 되는 경우가 많습니다. 그러나 우리는 그 문제를 정면으로 마주할 용기가 없고, 현재 상태를 수용하기 어려워 계속 다른 핑계를 대곤 하죠. 이 경우 정서적 고통, 즉 스트레스를 받는 건 자기 자신입니다.

그럴 땐 마음을 비우고 기다리세요. 그 일에만 몰두하지 말고 그걸 한쪽으로 떼어두세요. 그리고 일상을 평범하게 살아가세요. 그게 현명한 삶입니다. 일상의 소중함을 느끼며 하루하루 살아가면 눈덩이처럼 보였던 큰일도 어느새 작게 보일 거예요.

  우리가 겪는 고통의 크기는 모두 다르지만, 그 고통을 유연하게 마주한다면 우리 마음의 근육과 회복 탄력성은 향상될 것입니다.

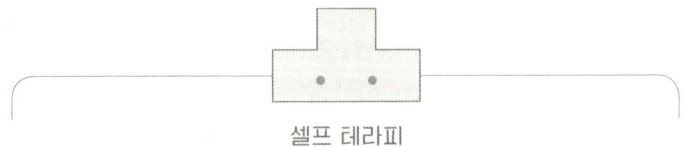

셀프 테라피

Q. 나에게 살아 있다는 것은 무슨 의미일까요?

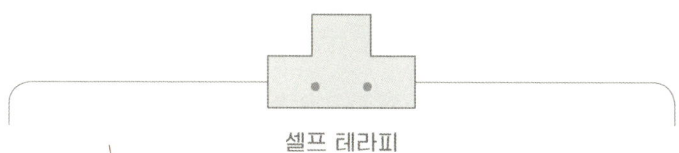

셀프 테라피

Q. '지금-여기'를 살고 있는 나에게 보내고 싶은 메시지가 있다면?

나의 감정과 친구 하기

7

《불안》
조미자 글·그림 | 핑거

> 불안도 내 안의 감정

"홍민의 왼쪽에는 불안(두려움)이, 오른쪽에는 수치심이라는 친구가 늘 함께 다닐 거예요. 친구처럼 함께 다니다 보면 어느 순간 하루는 불안이 줄어드는 날이 있고, 하루는 수치심이 줄어드는 날이 있을 거예요. 또 어떤 날은 불안의 수치가 올라가는 날이 있고, 수치심의 수치가 올라가는 날도 있겠죠. 홍민은 점점 그 친구들의 변화를 잘 느낄 수 있을 거예요. 오늘은 내 친구들의 상태가 아주 좋구나, 혹은 좋지 않구나, 하고요. 그러면 같은 상황이 닥쳐도 예전과 다른 감정, 다른 정서를 발견할 수 있을 거예요."

제가 이 말을 건넸을 때 그게 무슨 뜻이냐는 듯 어리둥절한 표정으로 바라보던 홍민의 얼굴이 생각나네요. 1년 넘게 저와 상담했던 10대 남학생 홍민은 학교에 적응하지 못해 고등학교를 자퇴했습니다. 또래 관계와 부모 관계에서 비롯된 정서적 방치 그리고 무관심으로 인해 불안과 수치심이 홍민을 사로잡고 있었죠.

제가 홍민에게 해준 처방전은 늘 자신의 생각과 감정 상태를 잘 살펴보라는 것이었습니다. 자신의 상태에 집중하다 보면 부정하고 싶거나 없애고 싶은 감정과 생각이 별것 아닌 것처럼 여겨지기도 합니다.

우리의 삶에서 경험하는 부정적 생각과 상처는 쉽게 사라지지 않습니다. 하지만 그걸 보듬어주고 껴안으면 그런 생각과 상처가 옅어지는 경험을 할 수 있습니다. 긍정적이든 부정적이든 우리가 느끼는 모든 감정을 당연하게 받아들여야 합니다. 우리는 그런 감정을 수용하고 함께 살아가야 하니까요.

홍민은 그 후 대안 학교를 다니다가 재수 학원을 거쳐 지금은 대학생이 되었습니다. 저는 지금도 가끔 홍민에게 안부를 묻습니다.

"홍민의 불안과 수치심은 잘 지내고 있어요?"

조미자 작가의 그림책 《불안》은 "사랑, 행복, 기쁨과 함께 불안도 내 안의 감정"이라는 작가의 말과 함께 시작합니다. 너무 너무 위로되지 않나요? 부정적 감정도 괜찮다는 말로 들립니다.

작품 속에서 처음 불안이라는 것을 마주한 아이는 어지럽고 무섭기만 했어요. 불안은 여기저기서 나타났다가 갑자기 사라져 아이를 깜짝깜짝 놀라게 합니다. 그래서 아이는 불안을 만나보기로 하고 끈을 잡아당깁니다. 그런데 너무 큰 형체가 나타났습니다! 아이는 너무 무서워서 꼭꼭 숨기도 하고, 이리저리 도망도 갑니다. 그러다 지쳐 다시 끈을 잡아당겼더니, 아이보다 작아진 불안이 있는 거예요. 목욕할 때도, 책 읽을 때도 자꾸만 졸졸 따라다닙니다. 때론 커지기도 하고 작아지기도 하는 불안이 이젠 무섭지 않습니다. 서로 대화를 나누기도 하고, 함께 자전거를 타기도 하고, 같이 텔레비전을 보기도 합니다. 떼려야 뗄 수 없는 사이가 된 거죠.

이 정도면 친구 아닐까요?

몸이 아플 때 약을 먹으면 얼마 후 괜찮아지긴 하지만 100퍼센트 깨끗하게 낫는 건 아니죠. 마음이 아플 때도 같습니다. 약을 먹고 부정적 감정이나 상처를 없애고 싶지만, 그건 사라지는 게 아니라 점점 옅어질 뿐입니다. 그리고 약을 먹는 것처럼 내면의 힘을 함께 키워야 같은 상황이 발생했을 때 좀 더 건강한 결과를 만날 수 있습니다.

하루는 예기(豫期) 불안이 높은 홍민 씨에게 물었습니다.

"미리 걱정만 하다가 중요한 것을 놓친 적이 있지 않나요?"

"아뇨, 오히려 너무 불안하니 준비를 더 철저하게 해서 다른 사람들보다 실수를 덜 하게 돼요."

"그렇군요. 생각을 전환해보면 미리 준비하는 행동을 홍민 씨의 강점으로 볼 수 있겠네요."

그 후로는 홍민 씨에게 실수를 덜 하는 부분을 강점으로 칭찬해주었습니다. 그랬더니 몰랐던 부분이라면서 자신도 그걸 인정했습니다. 하지만 준비하는 과정은 참 고통스럽다고 웃으며 얘기하더군요. 이렇게 자신을 조금씩 수용하면 차차 나아질 거라고 생각합니다.

우리가 느끼는 감정도 이렇게 내 안에서 파도를 타고, 산을 오르내리길 반복합니다. 그런 자신이 이상해 보일 때도 있지만 전혀 이상하지 않습니다. 우리의 감정은 모두 소중합니다. 그러니 '나'와 대화를 자주 나누고, 나의 감정을 마주하고 들여다봐주세요.

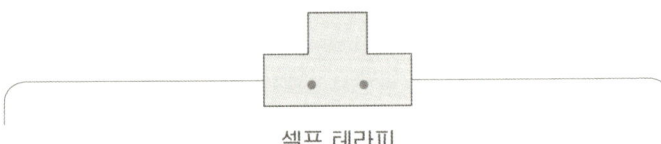

셀프 테라피

Q. 나의 핵심 감정을 어떻게 마주하고 있나요?

셀프 테라피

Q. '지금-여기'에 있는 나에게 해주고 싶은 말은?

당신이 살던 집은
어떠했나요?

《토라지는 가족》
이현민 글·그림 | 고래뱃속

> 나의 역사, 원가족과의 역동

상담할 때는 원가족(原家族: 출가하거나 입양되기 이전의 원래 가족) 이야기를 빼놓지 않고 하곤 합니다.

원가족은 지금의 나를 존재하게끔 해준 뿌리이기 때문에 외면할 수가 없죠. 비록 그 뿌리가 따뜻하고 안전하지 못했어도 원망하거나 매여 있을 필요는 없습니다. 우리는 시간을 되돌릴 수도 없을뿐더러 과거를 바꿀 수도 없습니다. 우리는 현재를 살아가기에도 바쁩니다. '지금-여기'에서 앞으로 어떻게 잘 살아갈지 고민하면 될 일입니다.

이현민 작가의 그림책《토라지는 가족》의 일요일 아침은 즐겁지 않습니다. 누구에게서 시작되었는지 모르겠지만 각각의 이유로 부정적 감정이 올라와 가족 모두가 토라집니다. 그리고 각자의 힐링 장소를 찾아 발걸음을 옮깁니다. 여러분은 속상하거나 화났을 때, 울고 싶을 때, 소리 지르고 싶을 때, 혼자 있고 싶을 때 달려가고 싶은 공간이 있나요?

가족이 옮겨간 장소는 햇볕이 내리쬐고, 따뜻하고, 꽃과 나무로 뒤덮이고, 새가 지저귀기도 합니다. 토라진 마음을 가지치기하듯 나뭇가지를 자르는 아빠, 숨을 내리쉬며 물구나무를 서는 엄마, 알 수 없는 불편한 마음이 오르내리듯 멍하니 분수를 바라보는 할머니, 꽃에 둘러싸여 있는 누나, 넓게 트인 호숫

가에서 토라진 마음을 털어버리듯 돌을 던지는 형, 고양이와 새를 쫓아다니는 막내.

각자 자기만의 공간에서 각자의 방법으로 토라진 감정을 해소하고, 처리하고, 정리하고, 위로합니다. 시간이 흘러 때가 되면 가족은 집으로 걸음을 옮깁니다. 그리고 아무 일도 없었던 것처럼 모두 모여 밥을 먹으며 마음을 나눕니다.

가족(생물학적 가족이 아니어도)에게는 양가감정이 존재하는 게 당연합니다. 가까운 관계일수록 양가감정이 강합니다. 우리는 그 안에서 희로애락을 모두 경험하죠. 그만큼 중요한 존재가 있을까요?

묵혀둔 감정, 하고 싶었던 말이 있다면 지금 발걸음을 옮겨야 합니다. 시간은 기다려주지 않습니다.

최근 딸아이를 봐주시는 친정엄마께 "엄마가 평소 내 이야기를 잘 들어줘서 내가 다른 사람의 마음 이야기를 들어주는 일을 잘하고 있는 것 같아요. 고마워요"라고 말씀드렸습니다. 부끄러워서 혼자 생각만 하다가 문득 우리에겐 시간이 많지 않다는 것을 깨닫고 웃으며 농담하듯 한 말이죠. 그랬더니 엄마의 얼굴이 활짝 피었습니다.

"내가 배운 것은 없지만, 너희를 위해 내가 할 수 있는 일을 한 거야."

그날 본가로 돌아가는 엄마의 발걸음이 한결 가벼워 보였습니다. 저는 이제 혼자만 생각하지 않고 속에 있는 감정을 말씀드리려 합니다. 아무리 좋은 말이라도 표현하지 않으면 느낄 수 없으니까요.

우리는 한 인간으로 성장하면서 자신의 강점과 약점을 알아갑니다. 또한 주변 환경과 타인을 바라볼 수 있는 능력이 생겨 부모는 물론, 자신과 관계있는 모든 이의 강점과 약점을 수용하게 됩니다. 그제야 비로소 신체적, 정서적으로 완성된 개체로서 온전히 자립할 수 있습니다.

옆에 누가 있는지 주위를 둘러보세요. 그리고 (가족이 아니어도) 내 손을 잡아줄 누군가가 늘 존재한다는 걸 잊지 마세요.

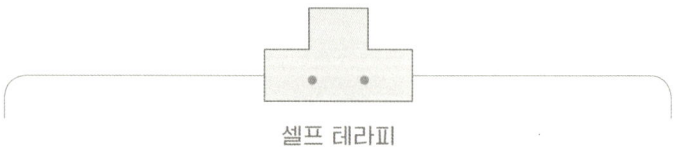

셀프 테라피

Q. 나는 원가족 안에서 어떤 아이였나요?
(말 잘 듣는 아이, 거절 못 하는 아이, '착한 아이 콤플렉스'에 빠진 아이)

셀프 테라피

Q. 원가족에게서 닮고 싶지 않은 버릇(특징)인데, 어느새 내게 침투한 것은 무엇인가요?

잃어버린 나를 찾아
떠나는 여행

9

《오리건의 여행》
라스칼 글 | 루이 조스 그림 | 곽노경 역 | 미래아이

"저는 요즘 다 타서 없어질 것 같아요. 이제 그만하고 싶어요."

어느 날 희영 씨는 동료와 이야기를 하다가 자신도 모르게 뱉어버린 말에 깜짝 놀랐다고 합니다. 현재 희영 씨는 직장의 팀장으로서 마음이 잘 맞는 오래된 팀원들과 즐겁게 일하고 있습니다. 팀장보다 높은 관리자로 승진하고 싶은 꿈도 있습니다. 그런데 병아리 인턴부터 시작해 팀장의 자리에 오르기까지 여러 가지 업무를 하다 보니 몸도 마음도 많이 지쳤습니다. 거래처와 상사들의 요구를 반영해야 하고, 그것을 팀원들에게 이해시켜야 했습니다. 전체 사업을 관리하고, 팀원의 실수를 해명하고, 팀원들 사이의 갈등을 조정하고, 타 부서와의 업무를 조정하는 등 일은 해도 해도 끝이 없습니다. 어느 순간 웃음과 말수가 사라졌습니다. 점심시간이 되면 혼자 있고 싶고, 오랫동안 함께해온 팀원들과도 소원해졌습니다. 가정 이야기를 비롯해 온갖 고민을 서로 나누며 토닥여주는 사이였는데, 그 모든 게 귀찮았습니다.

희영 씨에게 이른바 번아웃이 찾아온 것입니다. 처음엔 이러다 말겠지, 괜찮아지겠지 했는데 그게 아니었습니다. 다행히 희영 씨는 지금 자신에게 변화가 필요하다는 걸 직감했고,

지금의 상황을 헤쳐나갈 방법을 천천히 고민하기 시작했습니다. 잃어버린 자신을 찾아 떠나는 희영 씨의 여행에 격려의 박수를 보냅니다.

라스칼이 글을 쓰고 루이 조스가 그림을 그린 《오리건의 여행》에 나오는 듀크는 서커스에서 빨강 코를 붙이고 연기하는 최고의 인기 광대입니다. 이 빨강 코는 오랜 세월 듀크와 함께해왔습니다. 그런데 서커스에서 재주를 부리는 곰 오리건이 어느 날 광대 듀크에게 넓은 숲속으로 자신을 데려다달라고 부탁합니다. 그래서 둘은 자유를 찾아 오리건주의 숲속으로 여행을 떠납니다.

듀크와 오리건은 오랫동안 몸담아온 서커스단을 떠날 용기가 어디에서 나왔을까요?

우리는 좀 더 나은 삶을 위해 늘 선택과 결정을 합니다. 자신을 위한 최선의 선택은 무엇일까에 집중하고, 용기를 내어 결정을 하죠. 물론 그 선택에 모두 다 만족할 수는 없습니다. 하지만 주어진 환경에서 최선을 다하다 보면 우리가 늘 있던 공간보다 더 넓은 세상이 있다는 것을 깨닫게 되죠.

잃어버린 꿈을 찾기 위해 떠난 듀크와 오리건의 여정도 평탄하지만은 않습니다. 우리의 삶이 늘 곧은길만 있는 게 아닌 것처럼요. 둘은 서로에게 의지해 걷고, 차를 얻어 타기도 하면서 목적지로 향합니다. 비록 가져온 돈은 바닥이 났지만 어둠에서 빛을 향해 나아갑니다. 눈앞에 펼쳐진, 반 고흐의 그림 같은 들판을 만나기도 하죠.

계절이 바뀌고 마침내 오리건이 원하는 숲에 도착했을 때 듀크 또한 빨강 코를 떼고 자유를 찾습니다. 이때 듀크는 어떤 생각을 했을까요?

오리건과 듀크가 서커스단을 떠나기로 결심한 장면을 읽을 때는 제 마음이 다 시원했습니다. 누구나 오랫동안 해온 일에서는 쉽게 벗어나지 못하죠. 그러다 앞의 희영 씨처럼 번아웃을 겪는 일이 허다합니다.

번아웃은 흔히 4단계로 진행된다고 해요.

첫 번째는 모든 일을 열심히 하는 단계입니다. 이때 사람들은 남에게 도움을 주는 자신의 능력에 대해 긍정적인 생각을 합니다. 두 번째는 열심히 일해도 개인 또는 조직의 성장이나 발전에 영향을 주지 못한다는 느낌이 들면서 침체되는 단계입니다. 세 번째는 좌절의 단계예요. 더 이상 아무것도 할 수 없다는 심정에 빠져들지요. 마지막으로 네 번째는 무감각해져서 타인에게 관심도 없고, 오로지 개인적 안락만을 생각하는 단계입니다.

많은 사람이 참고 참다가 마지막 단계까지 왔을 때 자신을 위한 무언가를 선택하는 것 같습니다.

번아웃이 오기 전에 자신의 상태를 알아차리는 것이 중요합니다. 평소 자기 생각과 감정 알아차리기에 능숙하면 번아웃이 와도 당황하지 않고 변화를 잘 받아들이고 대처할 수 있을 것입니다.

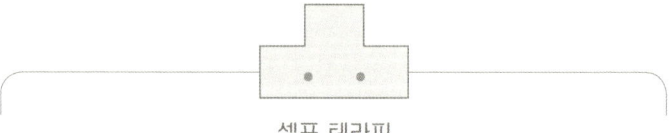

Q. 나에게 '빨강 코'의 의미는 무엇인가요?

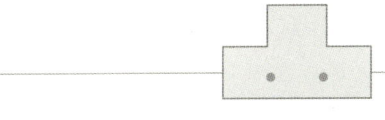

셀프 테라피

Q. 소진 상태에 있는 나를 위해 한 일 중 [작은] 성취감을 느낀 것은 무엇인가요?

존재 이유

10

《나는 강물처럼 말해요》
조던 스콧 글 | 시드니 스미스 그림 | 김지은 역 | 책읽는곰

> 나의 존재 수용

"하고 싶은 말은 마음속에 가득한데 입 밖으로 나오지 않아요. 그래서 속상합니다. 그리고 제가 변화가 없어서 너무 속상합니다. 좀 더 잘하는 모습을 보여주고 싶습니다."

용민 씨는 목소리가 아주 작고 웅얼거리는 탓에 무슨 말을 하는지 잘 알아들을 수가 없습니다. 발음도 정확하지 않습니다. 그런데 요즘 고민이 무엇인지 물어보면 늘 위와 같은 말을 반복합니다.

다행히 상남을 시작하고 6개월이 지난 후에는 목소리도 조금 커졌고 천천히 또박또박 말하려고 노력하는 기색이 역력합니다. 시선 처리도 잘하고 좀 더 안정적인 모습입니다.

용민 씨한테 나름대로 큰 변화가 일어난 것입니다. 이렇게 되기까지 그의 노력을 무시할 수 없기에 상담사로서 그런 변화를 놓치지 않고 칭찬해주었죠.

조던 스콧의 글과 시드니 스미스의 그림에 홀려서 만난 《나는 강물처럼 말해요》는 요즘 제가 부쩍 자주 만나는 내담자들을 생각나게 합니다.

키워드는 두려움, 불안, 결핍입니다. 굵은 붓 터치와 어둑한 색감이 읽는 이의 마음을 좀 무겁게 만듭니다. 하지만 집중할 수 있는 분위기가 느껴지기도 합니다.

말을 더듬는 아이는 학교에서 누군가와 대화할 일이 없기를 바라죠. 자기 차례가 오면 입도 벙긋 못 할 만큼 두렵습니다. 그런 아들의 마음을 알아차린 아빠는 아들을 데리고 강가로 나갑니다. 그리고 물거품이 일고, 굽이치고, 소용돌이치고, 부딪치는 강물을 바라보며 아들에게 이렇게 얘기하죠.

"너도 저 강물처럼 말한단다."

아빠의 말이 아들에게 위로를 줍니다. 아들은 울음을 삼키고 말할 수 있는 용기를 얻습니다. 이제는 두려움을 극복하고 친구들 앞에서 이야기를 할 수 있습니다. 자신이 좋아하는 것에 대해 강물처럼 말합니다.

타인의 말에 예민하게 반응하고, 괜히 자기 자신에게 화살을 돌려 불안감과 우울감에 빠져드는 사람이 종종 있습니다. 온몸에 날카로운 가시가 돋아 있어 곧 누구라도 찌를 기세이지만, 정작 그 가시로 자신을 찌를 뿐입니다. 그런 사람에겐 함께 버티고 견뎌줄 누군가가 필요합니다.

나라는 존재를 오롯이 수용해주는 그 누군가를 떠올려보세요. 그리고 자신의 존재 이유에 대해 마음을 나누는 시간을 가져보세요.

나를 탐색하고 내게 말을 걸어보는 시간이 필요합니다. 그 시간을 통해 우리는 결핍, 불안, 두려움에서 조금씩 벗어나 극복과 치유를 마주할 수 있습니다.

'지금-여기'에 있는 두려움(불안)을 꺼내 마치 친구처럼 그 두려움에 이름을 붙이고 대화를 나눠보세요.

예를 들면 이렇게요. "토끼야, 너는 지금 두렵구나. 불안하구나. 슬프구나. 우울하구나."

그 이야기가 나에게 울림이 되어 스며들 거예요. 그리고 '함께' 잘 지낼 수 있을 겁니다.

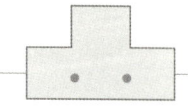

셀프 테라피

Q. "나는 ----- 처럼 말해요." 나는 어떻게 말하고 있나요? 빈칸을 다양하게 채워보세요.

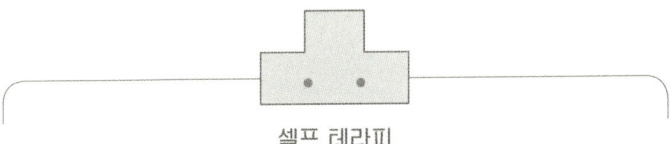

셀프 테라피

Q. 온전히 사랑받고 있다고 느끼는 대상은 누구인가요?

심리상담사가 건네는 그림책

1. **자신을 사랑하는 마음이 필요한 친구에게 힘을 주는 그림책**

   — 지금 내 모습 자체를 인정해주세요:《오, 미자!》
   — 변하지 않는 환경이지만 또 다른 꿈을 꿀 수 있어요:《키오스크》
   — 비를 좀 맞으면 어때요:《빗방울이 후두둑》
   — 나에 관한 중요한 사실은 내가 '나'라는 거예요:《중요한 사실》
   — 나는 소중한 존재예요:《나는 강물처럼 말해요》
   — 우리 모두 특별한 꽃이에요:《모두 다 꽃이야》
   — 나와 내 주변의 사람들을 지켜주는 나무가 우리 안에 있어요:《내 안에 나무》

2. **곁에 있는 소중한 사람을 갑자기 잃은 친구에게 위로를 건네는 그림책**

   < 애도의 시간을 함께해주는 그림책 >
   — 슬프면 울어도 돼요. 참지 말고. 펑펑 울어도 돼요:《눈물빵》
   — 상실을 마주해요:《슬픔을 건너다》
   — 이제 자유롭게 떠나도 돼요:《오리건의 여행》
   — 엄마는 이제 내 마음속에 살고 있어요:《무릎딱지》
   — 우울이라는 친구가 찾아와도 괜찮아요:《안녕, 울적아》
   — 죽음도 삶의 일부예요:《세상에서 가장 멋진 장례식》
   — 죽음도 자연스러운 거예요:《내가 함께 있을게》
   — 죽음이 들려주는 이야기:《나는 죽음이에요》

< 남은 이에게 기운을 주는 그림책 >
- 나는 작지만 나에게 맞는 일을 할 수 있어요:《완두》
- 널 그리워하며 씩씩하게 살아갈 수 있어요:《세상 끝에 있는 너에게》
- 우린 오늘도 우리의 삶을 살아가고 있어요:《100 인생 그림책》
- 시간의 흐름과 함께 사라지지만 사라지지 않는 것들이 있어요:《사라지는 것들》
- 우린 늘 연결되어 있어요:《보이지 않는 끈》
- 두렵지만 잘 해낼 수 있어요:《너와 내가》

3. 일에 많이 지친 친구에게 선물할 그림책

- 빨강 코는 내가 떼어낼 수 있어요:《오리긴의 여행》
- 타인을 향해 당신이 만든 벽은 몇 층인가요?:《빨간 벽》
- 내 마음은 내 마음이에요. 내가 열고 닫고 할 수 있어요:《내 마음은》
- 아주 작지만 아주 중요한 것일 수 있어요:《아주 작은 것》
- 제2의 인생 여행을 떠나볼까요? 생각의 전환이 때론 도움이 될 것입니다:《낡은 타이어의 두 번째 여행》

4. 이혼·재혼 가정의 양육자에게 아이와 소통할 수 있는 팁을 주는 그림책

- 눈물이 바다를 이루어 시원함을 느낄 수 있어요:《눈물바다》
- 좋은 감정과 싫은 감정 모두 내 마음속에 존재해요:《모두 다 싫어》
- 내 옆에 있어주면 돼요:《가만히 들어주었어》
- 우리는 모두 특별해요. 모두 다 말할 수 없는 비밀이 있어요:《돌 씹어 먹는 아이》
- 부정적 감정도 소중한 내 마음이에요:《소피가 화나면, 정말 정말 화나면》
- 생물학적 부모가 아니어도 안전지대가 될 수 있어요:《파랑 오리》

5. 코로나19같이 바뀔 수 없는 환경에 처한 사람에게 도움을 주는 그림책

- 일상의 소중함을 기억해요: 《살아 있다는 건》
- 도시와 시골 어디에서든 창문을 열면 일상의 소중함이 있어요: 《아침에 창문을 열면》
- 우리의 오늘은 소중해요: 《오늘 상회》
- 우리는 살아가고 있어요: 《도시를 움직이는 사람들》
- 연결되어 있어요: 《함께》

6. 결혼을 앞둔 예비부부에게 선물할 그림책

- 두 사람은 서로 다르지만 서로를 마주 보며 살아가요. 다른 모습을 수용해주세요: 《두 사람》
- 몸과 마음이 건강한 아기를 기다려요! 《쑥쑥쑥》
- 우정과 사랑, 희망의 메시지: 《소년과 두더지와 여우와 말》
- 재활 시설에 계신 분들의 작품으로 꾸몄어요: 《축하합니다!》
- 나를 인정해주세요: 《나를 찾아서》

7. 감정 표현이 어려운 아이를 둔 양육자에게 좋은 그림책

- 저를 사랑해주세요: 《혼나기 싫어요!》
- 내 마음은 다양해요. 여러 가지가 있어요!: 《내 마음 ㅅㅅㅎ》
- 사탕을 먹으니 소중한 사람들의 마음이 들려요: 《알사탕》
- 너는 어떨 때 화가 나니?: 《오늘도 화났어!》
- 감정의 다양한 시선을 알 수 있어요: 《감정은 무얼 할까?》
- 싫은 감정도, 좋아하는 감정도 소중해요: 《모두 다 싫어》

8. 건강한 가족 관계에 대해 알고 싶은 친구에게 선물할 그림책

- 우리 가족은 모두 위대해요! 저도 위대해요.:《위대한 가족》
- 건강한 가족은 신체적, 정서적 독립을 할 수 있어요:《섬섬은 고양이다》
- 토라져도 우리는 가족이에요:《토라지는 가족》
- 엄마라는 단어를 떠올려보세요:《나의 엄마》
- 그 자리에 있을 존재:《나의 아버지》
- 힘든 일이 있어도 함께해요:《다음 달에는》
- 엄마와 함께한 시간:《엄마와 복숭아》
- 정서적, 신체적 독립을 하는 우리 아이들:《우리는 언제나 다시 만나》

9. 다양한 모습의 자신에 대해 수용이 필요한 친구에게 좋은 그림책

- 페르소나, 다양한 내 모습을 수용해주세요:《마법의 가면》
- 나는 여러 가지 색깔이 있어요:《파랗고 빨갛고 투명한 나》
- 나는요, 여러 가지 모습이 있어요:《나는요,》
- 나는 어느 별에서 왔나요? 우리는 모두 달라요!:《다다다 다른 별 학교》
- 나에 대해 탐색하는 시간:《뭐라고 불러야 해?》
- 나를 소개할게요:《이게 정말 나일까?》

10. 새로움이 두려운 아이에게 도움을 주는 그림책

- 실수는 실패가 아니라 또 다른 시작이야!:《아름다운 실수》
- 이 세상에 완벽한 사람은 없어요:《실수해도 괜찮아!》
- 학교의 눈으로 보여주는 첫날 이야기:《학교가 처음 아이들을 만난 날》
- 낯선 환경에서 친구를 사귀는 법:《새 친구 사귀는 법》

그림책으로 쓰담쓰담	펴낸이	황윤정
	펴낸곳	이은북
남기숙 지음	출판등록	2015년 12월 14일 제2015-000363호
	주소	서울 마포구 동교로12안길 16, 삼성빌딩B 4층
	전화	02-338-1201
2022년 12월 12일	팩스	02-338-1401
초판 1쇄 발행	이메일	book@eeuncontents.com
	홈페이지	www.eeuncontents.com
2023년 1월 30일	인스타그램	@eeunbook
초판 2쇄 발행		
	편집	황세정, 하준
	교정	김한주
	디자인	lee.ree.
	일러스트	임애현
	마케팅	박지현
	인쇄	스크린그래픽

© 남기숙, 2022

ISBN 979-11-91053-24-1 (03180)

· 이은북은 이은콘텐츠주식회사의 출판 브랜드입니다.
· 이 책에 실린 글과 이미지의 무단전재 및 복제를 금합니다.
· 이 책 내용의 전부 또는 일부를 재사용하려면 반드시 출판사의 동의를 받아야 합니다.
· 책값은 뒤표지에 있습니다.
· 잘못된 책은 구입하신 서점에서 바꾸어 드립니다.